이 편지들을 읽는 여러분은 악마가 거짓말쟁이라는 점을 기억할 필요가 있습니다.

−C. S. 루이스

믿음이란
한 알의 밀알이 땅에 떨어져 죽음으로 많은 열매를 맺음과 같이
진리의 열매를 위하여 스스로 죽는 것을 뜻합니다.
눈으로 볼 수는 없으나 영원히 살아 있는 진리와
목숨을 맞바꾸는 자들을 우리는 믿는 이라고 부릅니다.
「믿음의 글들」은 평생, 혹은 가장 귀한 순간에
진리를 위하여 죽거나 죽기를 결단하는
참 믿는 이들의, 참 믿는 이들을 위한, 참 믿음의 글들입니다.

# 스크루테이프의 편지

C. S. **루이스** 지음

**김선형** 옮김

홍성사

*J. R. R.* 톨킨에게

"성경말씀에 승복하지 않는 악마를 퇴치하려면,
비웃고 업신여기는 것이 상책이다.
악마는 경멸을 참지 못하기 때문이다."

마르틴 루터


"오만한 영(靈), 악마는……
놀림감이 되는 것을 참지 못한다."

토머스 모어

# 차 례

# 서문

지금 제가 여러분 앞에 공개하고자 하는 편지들을 어떻게 손에 넣게 되었는지는 굳이 설명하지 않겠습니다.

악마에 대해 생각할 때 우리 인류가 빠지기 쉬운 두 가지 오류가 있습니다. 그 내용은 서로 정반대이지만 심각하기는 마찬가지인 오류들이지요. 하나는 악마의 존재를 믿지 않는 것입니다. 또 다른 하나는 악마를 믿되 불건전한 관심을 지나치게 많이 쏟는 것입니다. 악마들은 이 두 가지 오류를 똑같이 기뻐하며, 유물론자와 마술사를 가리지 않고 열렬히 환영합니다.

제가 이 책에 사용한 것과 같은 필사본들은 간단한 요령만 터득하면 누구나 쉽게 구할 수 있는 것들입니다. 그러나 심성이 악하거나 쉽사리 흥분하는 사람들은 잘못된 용도로 쓰기 쉬우므로, 제게서 요령을 배울 생각은 아예 마십시오.

이 편지들을 읽는 여러분은 악마가 거짓말쟁이라는 점을 기억할 필요가 있습니다. 스크루테이프가 하는 말 중에는 심지어 그 자신의 관점에서 볼 때조차 사실로 받아들여서는 안 될 것들이 많습니다. 이 편지들에 나오는 인물들의 신분을 밝힐 생각은 애초부터 없었습니다만, 스파이크 목사나 환자의 어머니 같은 사람들이 전적으로 공정하게 그려졌다고 보기는 아주 어렵습니다. 지구상에서 그런 것처럼 지옥에도 희망사항이라는 게 있는 법이니까요.

끝으로, 이 편지들을 시간 순서에 따라 정리하려는 노력을 전혀 하지 않았다는 사실을 덧붙여야겠습니다. 17번 편지는 배급사정이 심각해지기 전에 쓴 것이 틀림없습니다만, 전체적으로 보면 악마들이 날짜를 매기는 방식이란 것이 지상의 시간과 전혀 무관하게 돌아가기 때문에 굳이 거기에 따르려고 애쓰지 않았습니다. 유럽대륙의 전쟁사(戰爭史) 같은 문제는, 어쩌다가 한 인간의 영적 상태에 큰 영향을 끼치지 않는 한 스크루테이프의 관심을 전혀 끌지 못하는 것이 분명합니다.

1941년 7월 5일,
모들린 대학에서

C. S. Lewis.

스크루테이프가 보내는 31통의 편지

# 1

사랑하는 윔우드[1]에게

네가 요즘 맡은 환자[2]의 책 읽기를 지도하는 한편, 유물론자 친구와 자주 만나도록 신경쓰고 있다는 이야기 잘 들었다. 하지만 좀 **순진한** 생각을 하고 있는 건 아니냐? 네 말을 듣자니, 넌 **논증**으로 환자를 원수[3]의 손아귀에서 보호할 수 있다고 믿는 것 같구나.

몇 세기 전이었다면 그것도 좋은 방법이었겠지. 그 시절에 살던 사람들은 어떤 것이 입증된 경우와 그렇지 않은 경우를 아주

---

1) Wormwood. '쑥'이라는 뜻. 쑥은 쓴맛, 고난, 고뇌를 상징한다(〈그림으로 보는 세계문화상징사전〉 458쪽 참조). 여기에서는 스크루테이프의 조카이자 신참 악마의 이름으로 쓰이고 있다. 이하 주는 모두 편집자 주.
2) patient. 각각의 악마들이 맡은 '사람'을 가리키는 말.
3) 악마의 입장에서 '원수'는 그리스도이다.

잘 알아보았을 뿐 아니라, 일단 옳다고 입증되기만 하면 진짜라고 믿어 버렸으니까. 그 당시 사람들은 지금처럼 생각과 행동이 따로 놀지 않았기 때문에, 일련의 추론 과정을 거쳐 얻은 결론에 따라 생활방식을 바꿀 준비가 되어 있었다.

그런데 우리 악마들이 주간지를 비롯한 다양한 무기를 사용해서 상황을 역전시켰지. 그 덕분에 네가 맡은 환자만 해도 어려서부터 수십 가지의 상충되는 철학들이 한꺼번에 머리 속에서 난장판을 벌이는 데 익숙해져 있는 게야. 그래서 어떤 교리를 보아도 '참'이냐 '거짓'이냐를 먼저 따지기보다는 '학문적'이냐 '실용적'이냐, '케케묵은' 것이냐 '새로운' 것이냐, '인습적'인 것이냐 '과감한' 것이냐를 따지게 되어 있지.

그러니까 환자를 교회에서 멀리 떼어 놓기에 가장 좋은 협력자는 논증이 아니라 전문용어란 말이다. 유물론을 **진리**로 믿게 만들려고 쓸데없이 시간을 낭비하지 말거라! 그보다는 유물론이야말로 힘차고 단호하면서도 용맹스러운 미래의 철학이라고 믿게 만들어야 해. 네 환자는 그런 데 더 신경을 많이 쓰는 족속이니까.

그렇지 않고 논증을 동원할 경우 우리의 투쟁 전체가 오히려 원수의 확고한 기반이 되어 버린다는 문제가 발생한다. 원수도 논리에 강하다는 것을 잊지 말거라. 반면에 내가 지금 권고하는 것 같은 아주 실용적인 선전의 영역에서는 '저 아래 계신 우리 아버지'보다 한참 하수(下手)라는 사실이 수세기에 걸쳐 밝혀졌다.

아무튼 논증이라는 행위는 잠자고 있는 환자의 이성을 흔들어 깨우는 거나 다름없는 짓이야. 일단 이성이 깨어난 후에 무슨 일이 일어날지 누가 장담할 수 있겠느냐? 그때 그때 드는 생각들이야 어떻게든 그 흐름을 비틀어서 우리에게 유리하게 끌어올 수 있지만, 네 환자는 그런 사고의 과정을 통해 찰나적인 감각적 경험의 흐름에서 눈을 돌려 보편적인 주제에 관심을 기울이는 치명적인 버릇을 들이게 될 게다. 그러니 너는 무슨 일이 있어도 그의 시선을 감각적 경험의 흐름에 붙들어 두어야 해. 그것이야말로 '실제의 삶'이라고 믿도록 가르치되, '실제'가 무슨 뜻인지는 절대 묻지 못하게 하거라.

네 환자는 너처럼 순전한 영적 존재가 아니라는 점을 기억해야 한다. 너는 한 번도 인간이 되어 본 적이 없으니(불쾌하게도 원수는 이 점에서 우리보다 유리하지!) 인간이라는 존재가 범속한 것의 압력에 얼마나 속수무책으로 끌려다니는지 실감하기 힘들 게다. 언젠가 내가 맡았던 환자는 골수 무신론자였는데, 대영박물관에서 책 읽기를 즐겼지. 그런데 하루는 책을 읽고 있던 환자의 생각이 영 잘못된 방향으로 흘러가는 꼴이 보이더구나. 아차 하는 사이에 원수가 내 환자 곁에 바짝 달라붙었던 게야. 미처 정신을 차릴 새도 없이 20년 동안이나 공들여 쌓아 온 탑이 통째로 흔들리기 시작했다.

그 때 이성을 잃고 논증으로 방어하려 들었다면 난 아마 완전히 끝장나고 말았을걸. 하지만 내가 그런 바보짓을 할 리가 없지. 나는 그 즉시 내가 제일 만만하게 쥐고 흔들 수 있는 부분을 건드리면서, 점심을 좀 먹어야 할 때가 아니냐고 일러 주었다. 보아하니 원수가 즉시 반격에 나서서, 이 문제는 점심보다 훨씬 더 중요하다고 말하는 것 같더구나(우리로서는 원수가 사람들에게 무슨 소리 지껄이는지 **전혀** 엿들을 수 없다는 걸 알고 있겠지?). "중요하고말고. 사실 이건 오전이 다 끝나가는 자투리 시간에 생각하기엔 너무나도 중요한 문제야"라고 내가 맞장구치자 환자의 안색이 눈에 띄게 밝아진 걸 보면 말이야. 이 때를 놓칠세라 "점심 먹고 와서 개운한 머리로 다시 생각하자"고 얼른 덧붙이니까, 벌써 저만치 문쪽으로 걸어가더라.

환자가 거리로 나섰을 때쯤에는 이미 전세가 내 쪽으로 확연히 기울어져 있었다. 나는 석간신문이 나왔다고 외치는 신문팔이 소년과 거리를 지나가는 73번 버스를 보여 주었지. 그리고 그가 계단을 다 내려서기도 전에, 머리 속에 굳건한 확신 하나를 단단히 심어 주었다. 혼자 방구석에 처박혀서 책을 읽고 있을 때는 온갖 괴상망측한 생각이 다 들 수 있지만, 정신이 번쩍 드는 이 건강한 '실제의 삶'(여기서 실제의 삶이란 버스와 신문팔이 소년을 가리키는 말이다) 앞에 '그 따위 관념' 들이 무슨 의미가 있느냐는 확신 말이야. 환자 자신도 그 때가 위험한 고비였다고 느꼈던 모양인지,

"말로 형용할 수 없는 현실의 체감이야말로 혐오스러운 일개 논리로부터 우리를 보호해 주는 궁극적 안전장치"라는 말을 훗날 입버릇처럼 뇌까리곤 했다. 물론 그 환자는 지금 우리 아버지 집에 안전히 거하고 있지.

이제는 내 말을 좀 알아듣겠느냐? 수세기 동안 우리가 쉬지 않고 공작해 온 덕분에, 이제 사람들은 눈앞에 펼쳐지는 친숙한 일상에 눈이 팔려, 생소하기만 한 미지의 존재는 믿지 못하게 되어 버렸다. 그러니 계속해서 사물의 **일상성**을 환자한테 주입해야 해.

꼭 한 가지만 명심해 두거라. 기독교에 대해 방어를 하겠답시고 과학(그러니까 진짜 과학)을 활용하려 들면 절대 안 된다는 사실 말이다. 과학은 결국 네 환자를 부추겨 손으로 만질 수 없고 눈으로 볼 수 없는 것들을 사색하게 만들고 말 게다. 현대 물리학자들 가운데 그런 애석한 사례가 많이 있었지.

만일 환자가 계속 과학을 가지고 장난치려 들거든, 경제학과 사회학을 들이파게 하거라. 하지만 무슨 일이 있어도 우리의 소중한 '실제의 삶'에서 멀어지는 것만큼은 용납하면 안 돼. 뭐니 뭐니 해도 제일 좋은 방법은 과학서적 따위는 아예 읽지 못하게 하면서 '그런 건 이미 다 알고 있다'는 그럴듯하고 막연한 느낌만 심어 주는 거지. 어쩌다 주워들은 이야기나 이런저런 쪼가리 독서에서 얻은 것들이야말로 이른바 '현대과학의 부단한 탐구가 성취한 결실' 이라고 믿게 만들거라.

　　너의 임무는 환자의 곁을 지키며 그가 제대로 생각하지 못하도록 방해하는 것이라는 점을 명심해야 한다. 요즘 네 또래 젊은 악마놈들 하는 말만 들으면, 우리 일이 선생질인 줄 알겠더라!

너를 아끼는 삼촌,

*Screwtape*

## 2

사랑하는 윔우드에게

네 환자가 기독교인이 되었다는 소식을 듣고 몹시 불쾌했다.
마땅히 받아야 할 처벌을 면할 생각일랑 아예 말거라. 뭐, 네가
똑똑하게 굴던 시절을 돌이켜볼 때 그런 터무니없는 기대를 할
리는 없다고 믿는다만. 하지만 벌을 받을 때 받더라도 그 때까지
는 최대한 상황을 호전시켜 보도록 노력해 봐야지. 아직 절망할
필요는 없다. 성인이 되어 회심한 이들 중에는 잠시 원수의 진영
에 머물다가 다시 돌아와 우리와 함께 지내는 사람이 수백 명도
넘으니까. 네 환자의 몸에 배어 있는 **습관**들은 정신적으로나 육
체적으로나 아직은 우리에게 전적으로 유리하지.

현재 우리의 가장 큰 협력자 중 하나는 바로 교회다. 오해는 말
도록. 내가 말하는 교회는 우리가 보는 바 영원에 뿌리를 박고 모

든 시공간에 걸쳐 뻗어나가는 교회, 기치를 높이 올린 군대처럼 두려운 그런 교회가 아니니까. 솔직히 고백하자면, 그런 광경은 우리의 가장 대담한 유혹자들까지도 동요하게 만들지. 하지만 다행스럽게도 인간들은 그 광경을 전혀 보지 못한다.

네 환자의 눈에 보이는 것이라곤 신축부지에 반쯤 짓다 만 듯 서 있는 싸구려 고딕 건물뿐이야. 그나마 안으로 들어가면, 동네 가게 주인이 아첨하는 표정으로 뜻도 모를 기도문이 적힌 반들반들한 소책자 한 권, 엉터리로 변조된 저질 종교시가 깨알처럼 박혀 있는 낡아빠진 소책자 한 권을 내밀며 떠들어대는 모습과 마주치기 십상이고. 또 자리를 찾아 앉은 뒤 주위를 둘러보면 이제껏 되도록 얼굴 마주치지 않고 살려고 애써 왔던 이웃들만 어쩌면 그렇게 골라서 앉아 있는지. 넌 그런 이웃들을 잘 이용해야 한다. 그럴 때 '그리스도의 몸' 따위의 표현들과 바로 옆자리에 앉아 있는 사람의 실제 얼굴 사이에서 환자를 오락가락 헷갈리게 만들라구.

물론 옆에 앉아 있는 사람이 실제로 어떤 인물인지는 별로 중요하지 않다. 그들 중에 원수 진영의 위대한 용사가 하나쯤 끼어 있을 수도 있겠지. 그래도 상관 없다. 저 아래 계신 우리 아버지 덕분에 네 환자는 바보천치가 되어 있거든. 찬송가 음정이 틀린다거나 신발에서 삐걱삐걱 소리가 난다거나 목살이 두 겹이라든가 옷차림이 별스런 사람이 주변에 하나만 있어도, 그들의 종교

역시 어쩐지 우스울 것 같다고 얼른 믿어 버릴걸.

너도 알다시피 그는 지금 자기 수준에서 영적인 '그리스도인'의 모습을 그리고 있다. 그런데 그가 생각하는 영적인 모습이라는 게 알고 보면 대체로 그림에서나 볼 수 있는 것들이거든. 치렁치렁한 로마식 겉옷과 샌들, 갑옷, 맨살이 드러난 종아리 따위가 마음을 가득 채우고 있는 판이니, 현실의 교인들이 현대식 옷을 입고 있다는 사실 자체가 거북살스러울 수밖에. 물론 이런 것들은 다 무의식 속에 들어 있는 생각이야. 네가 할 일은 이런 생각이 절대 의식의 표면으로 떠오르지 못하게 막는 것이다. '그렇다면 내가 교인들에게 진정 기대하는 바는 무엇일까?' 하는 질문일랑 아예 못 하게 해야 한다. 지금은 모든 것이 막연한 이 상태를 그대로 유지시키거라. 때가 되면 환자한테 지옥 특유의 명확성을 제공하는 즐거움을 영원무궁토록 누릴 날이 올 테니까.

교인이 되고 몇 주 지나지 않아 찾아오는 실망감이나 맥 풀리는 느낌을 최대한 활용하도록. 원수는 인간의 노력이 문턱을 넘으려 할 때마다 이런 실망감이 찾아오는 걸 허용하고 있다. 이 실망감은 〈오디세이 이야기〉를 듣고 매혹되었던 소년이 진짜로 그리스어를 배우려고 작정할 때 찾아오지. 연인들이 마침내 결혼하여 현실 속에서 함께 살아가는 법을 배우기 시작할 때도 그렇고. 그러니까 실망감이란 삶의 모든 부분에서, 꿈으로만 간직해 왔던 야심을 힘겨운 실천으로 옮길 때 나타나는 표시인 게야.

원수가 이런 위험부담을 감수하는 이유는, 이 구역질나고 하찮은 인간 버러지들을 이른바 '자유로운' 연인이자 종 ― 원수가 쓰는 말로 하자면 '아들' ― 으로 삼겠다는 망측한 환상을 품고 있기 때문인데, 이 두 발 달린 짐승들에 대한 애정이 얼마나 집요한지 변태적인 관계도 서슴지 않으면서 영적 세계 전체를 모독하고 있는 형편이다. 원수는 인간들에게 자유를 주고 싶다는 욕망 때문에, 인간 앞에 목표를 세워 놓고서도 단순한 감정이나 습관을 이용해서 끌고 갈 생각은 추호도 하지 않지. '제 힘으로' 해 내도록 내버려 두겠다는 게야. 바로 이 점이 우리에겐 절호의 기회다. 하지만 위험도 따른다는 걸 명심하도록. 처음에 찾아오는 무미건조함만 성공적으로 이겨내면 인간들도 점차 감정에 휩쓸리지 않게 되고, 우리는 그만큼 유혹하기 힘들어지니까.

　　지금까지는 옆자리에 앉은 교인 자체만 놓고 볼 때 실망을 느낄 만한 **합리적인** 이유가 전혀 없는 경우를 놓고 얘기했다만, 만약 실제로도 실망스러운 인간이라면 ― 이를테면 우스꽝스러운 모자를 쓴 여자는 구제불능성 노름꾼이고, 삐걱삐걱 소리나는 장화를 신은 남자는 구두쇠에다가 남을 부당하게 착취하는 인간이라는 사실을 환자가 알고 있다면 ― 일은 훨씬 더 쉬워지지. 단지 환자의 머리 속에 이런 질문만 떠오르지 못하게 하면 돼. '나 같은 사람도 그리스도인이라고 할 수 있다면, 어떻게 옆에 앉은 저들의 다른 결점만 보고 그들의 종교가 위선이자 인습에 불과하다고 단정

할 수 있겠는가?'

인간의 머리가 아무리 떨어지기로서니, 그렇게 당연한 의문이 떠오르는 걸 막는다는 게 도대체 가능한 일이냐고 묻고 싶겠지. 하지만 웜우드, 가능하다. 가능하고말고! 우리가 적당히 주물러 주기만 하면 그런 생각은 간단히 막을 수 있지. 원수와 알게 된 지 얼마 되지 않았으니 아직 진짜 겸손을 배웠을 리 없거든. 무릎을 꿇고 앉아 죄를 고백한다 한들 앵무새처럼 말을 따라 하는 것에 불과해. 사실 마음 밑바닥에서는 이렇게 회심까지 해 두었으니 이만하면 원수의 장부에 상당량 초과 액수를 달아 놓은 셈이라고 여전히 믿고 있는데다가, 이렇게 교회에 나와 별 볼일 없으면서도 '잘난 척하는' 이웃들과 함께 앉아 있는 것만으로도 대단한 겸손이요 선심이라고 생각하고 있다구. 그러니 이런 심리상태를 되도록 오래오래 유지하도록 신경 잘 쓰거라.

너를 아끼는 삼촌,

*Screwtape*

# 3

사랑하는 웜우드에게

이 인간이 자기 어머니와 어떤 사이인지에 대해 네가 전해 준
말을 듣고 아주 흡족했다. 하지만 유리하다고 방심 말고 더 힘껏
밀어붙이도록. 원수는 마음 중심으로부터 바깥쪽으로 공작을 해
나가면서 환자의 행동을 새로운 기준에 맞추어 변모시킬 테니,
그 노인네를 대하는 환자의 태도도 언제 어떻게 바뀔지 모른다.
그러니까 발빠르게 선수를 치는 게 좋겠지. 환자의 어머니를 맡
고 있는 글루보즈(Glubose) 동지와 긴밀한 연락관계를 유지하면
서, 날마다 아픈 데를 찔러가며 상대방의 신경을 긁어대는 돈독
한 습관을 그 집안에 들여 놓거라. 거기에는 다음과 같은 방법이
도움이 될 게다.

1. 환자의 관심을 내면생활에 집중시키거라. 그는 회심이 자기

**내면에서** 일어난 사건이라고 생각하기 때문에, 지금 온통 자신의 심리상태 — 네가 먼저 검열을 끝낸 다음 선별해서 보여주는 심리상태라고 하는 편이 더 낫겠지 — 에 관심이 쏠려 있다. 이런 현상을 부추기도록. 가장 기본적인 의무는 등한시한 채 가장 어렵고 영적인 의무에만 마음 쓰게 하거라. 명백한 것을 무서워하며 소홀히 여기는 인간의 특성은 정말 쓸모가 있지. 그걸 더 강화시키거라. 한 집에서 살아 보거나 한 직장에서 일해 본 사람은 훤히 다 알고 있는 결점인데도, 정작 본인은 한 시간이나 자기성찰을 하고서도 깨닫지 못하는 수준까지 끌어내려야 한다.

2. 어머니를 위해 기도하는 것까지 막을 수 없다는 건 사실이야. 하지만 적어도 그 기도가 해악을 끼치지 못하도록 막을 방법은 있지. 고도로 '영적'인 기도만 줄창 읊어대게 하거라. 어머니의 류머티즘에 대해서는 일언반구도 하지 않으면서, 그 영혼의 상태만 가지고 노심초사하게 만들라구. 여기에는 두 가지 이득이 있다.

첫째, 그는 자기가 어머니의 죄라고 생각하는 것들에만 신경을 쓰기 때문에, 네 지도만 약간 있으면 어머니가 조금만 자기에게 불편하거나 성가신 행동을 해도 무조건 죄로 여기게 될 게다. 그러면 환자가 무릎을 꿇고 있는 그 시간을 이용해서 그가 그 날 받은 상처를 더 쓰라리게 문질러 줄 수 있지. 이 작전은 전혀 어렵지 않으니 너도 한번 해 보면 썩 재미를 붙일걸.

둘째, 환자가 어머니의 영혼에 대해 갖고 있는 생각이란 게 워낙 조잡한데다가 틀리기 일쑤기 때문에, 어느 정도는 가상의 인물을 놓고 기도한다고 봐야 한다. 네가 할 일은 이 가상의 인물을 진짜 어머니 — 아침 식탁에서 매일 잔소리를 해대는 노인네 —로부터 날마다 조금씩 더 멀어지게 만드는 거야. 그렇게 얼마쯤 시간이 지나고 나면, 가상의 어머니를 위해 기도할 때 느끼는 감정이나 생각이 실제 어머니를 대하는 태도로 이어지지 못하도록 깊은 틈을 갈라 놓을 수가 있지. 내가 맡은 환자 중에는 아내나 아들의 '영혼'을 위해서는 열렬한 기도를 쏟아 놓다가도, 진짜 아내나 아들에게는 기도하던 그 자리에서 곧바로 욕설과 폭력을 서슴지 않는, 무척 길이 잘 든 인간들이 있었다.

3. 두 인간이 오랜 세월 함께 살다 보면 서로 거슬리는 말투나 표정이 생기게 마련이다. 그 점을 노려야 해. 네 환자는 어머니가 눈썹 치켜올리는 표정을 어렸을 때부터 몹시 싫어했으니, 바로 그 표정을 환자의 의식 속에 최대한 부각시키면서 그게 얼마나 꼴보기 싫은지를 일깨워 주거라. 그리고 자기가 그 표정을 싫어한다는 걸 어머니가 뻔히 알면서도 일부러 그런다고 믿게 하는 거야. 너만 잘 한다면, 제가 얼마나 터무니없는 생각을 하고 있는지 전혀 알아채지 못할 게다. 자신에게도 어머니의 기분을 거슬리게 하는 표정과 말투가 있을지 모른다는 의심일랑 행여라도 품지 않도록 각별히 주의하거라. 환자는 자기 표정이나 말투가 어

떤지 잘 모르니까 그리 어려운 일은 아닐 게야.

4. 문명생활에서는, 글자만 놓고 보면 아무렇지 않은 말인데도 (**단어 자체**는 공격적이지 않으므로) 특정한 순간에 특정한 말투로 사용하면 마치 얼굴을 정면으로 때리는 듯 위력이 생기는 말들을 통해 가족간의 증오가 표현된다. 그러니까 이 게임을 잘 이끌어 가려면, 너와 글루보즈가 각각 이 두 바보에게 일종의 이중잣대를 주는 일에 주력해야 하는 게야.

어머니한테는 제가 한 말들을 문자 그대로 이해해 주고 실제로 한 말만 가지고 판단해 달라고 요구하면서도, 정작 자신은 어머니가 한 말의 어조며 전후맥락이며 숨은 의도까지 꼬치꼬치 따져서 최대한 과민하게 해석하고 반응하게 하거라. 물론 어머니 편에서도 똑같은 짓을 하게 해야지. 그러면 말다툼이 벌어질 때마다 각자 자기는 잘못이 없다고 굳게 확신하거나, 거기까지는 아니더라도 거의 확신에 가까운 믿음으로 등을 돌리게 될 게다.

'저녁 언제 먹느냐고 물었을 뿐인데 엄만 괜히 난리야' 하는 식으로 생각하는 상황이 어떤 것들인지 너도 잘 알고 있겠지? 일단 이런 버릇을 잘 들여 놓기만 하면, 자기가 먼저 불쾌한 말을 해 놓고서도 상대가 언짢은 내색을 한다고 도리어 서운해하는 유쾌한 상황을 연출할 수 있다.

다음 편지에는 그 노인네의 종교적 입장에 대해 좀 써 보내기 바란다. 아들의 삶에 새롭게 끼어든 요인을 질투하는 마음이 조금이라도 있더냐? 어렸을 때 자기가 그렇게 좋은 기회를 주었을 때는 거들떠보지도 않다가 이제서야 다른 사람한테 배우고 있다는 걸 속상해하지는 않던? 아들이 '법석'을 떨고 있다고 생각하는지, 아니면 너무나 쉽게 믿고 있다고 생각하는지도 궁금하구나. 원수의 이야기에 나오는 큰형을 기억하길.[4]

너를 아끼는 삼촌,

*Screwtape*

---

4) 탕자의 비유를 가리키는 말이다. 누가복음 15:11-32.

# 4

사랑하는 웜우드에게

 네가 지난번 편지에 써 보낸 아마추어 수준의 견해들을 보면서, 이제야말로 '기도'라는 괴로운 주제를 적절히 다루어야 할 때라는 생각이 들더구나. 네 환자가 어머니를 위해 기도하는 건(件)에 관한 내 충고가 "유례없이 한심스러운 것으로 판명났다구요" 하는 따위의 말은 삼갈 수 있었을 텐데. 그건 조카가 삼촌에게 할 말이 아니다. 말단 유혹자가 부서 차관한테 할 소리는 더더욱 아니지. 더욱이 그 말에는 제 책임을 남에게 떠넘기려는 불쾌한 욕구가 드러나 있었다. 제가 저지른 일은 제가 책임질 줄 알아야지.
 최선의 방책은 진지하게 기도할 마음이 아예 생기지 않도록 막을 수 있는 데까지 막아 보는 거다. 네 환자처럼 최근에 원수 편으로 복귀한 성인일 경우, 어렸을 때 앵무새처럼 따라 기도하던 버릇을 기억해 내도록 부추기거나 스스로 기억한다고 믿게끔 유도하는 게 아주 효과적이다. 그러면 그에 대한 반작용으로, 이제야말로 완전히 마음에서 우러나오는 기도, 내면적이고 비공식적이며 규칙에 매이지 않은 기도를 해야겠다고 생각하게 되거든. 초심자가 이런 생각을 할 경우, 사실은 의지와 지성을 집중시키지 않은 채 막연하게 경건한 **기분**만 만들어 내려고 애쓰는 꼴이 되는데도 말이야.

인간 중에 콜리지[5]라는 시인이 있는데, 그는 자신이 "입술을 움직이며 무릎을 꿇고" 기도한 것이 아니라 그저 "사랑을 위해 영혼을 가다듬었"을 뿐이며 "기원(祈願)의 감각"을 만족시킨 것이라고 쓴 적이 있지. 바로 이거다. 얼핏 보면 원수 편의 최고참들이 수행하는 침묵의 기도와 비슷하기도 하니, 영리하면서도 게으른 환자들을 오랫동안 속여 넘기기에 딱 좋지 뭐냐. 또 설사 그렇게까지는 못 한다 해도, 육체의 자세와 기도는 전혀 상관이 없다고 사기치는 덴 문제가 없을 게다.

잊지 말거라. 인간들은 자신이 동물이며, 따라서 육체가 하는 짓들이 반드시 영혼에 영향을 주게 되어 있다는 점을 노상 잊고 산다. 그들은 악마가 자기네 마음 속에 이런저런 것들을 불어넣

---

5) Samuel Taylor Coleridge(1772-1834). 19세기 영국 낭만주의 시인이자 비평가.

는 모습을 그리곤 한다만, 그야말로 웃기는 일이 아닐 수 없다. 오히려 우리의 최대 과업은 그들의 마음에 이런저런 것들이 들어가지 못하도록 막는 게 아니냐.

혹시라도 이 작전이 실패하거든, 그 때는 환자의 의도를 좀더 교묘하게 오도하는 술책으로 한 걸음 물러서야 한다. 인간들이 원수 자체에게 주의를 기울이고 있는 동안에는 참패를 면할 길이 없지만, 다행히도 그런 사태를 미연에 방지할 길이 많이 있지. 개중 간단한 방법은 원수를 바라보고 있는 환자의 시선을 그 자신에게로 돌려 버리는 것이다.

환자가 제 마음속만 줄창 들여다보면서 자신의 의지로 **감정**을 만들어 보려고 노력하게 만들거라. 환자가 원수의 사랑을 구하려 하거든, 실제로 사랑을 구하는 대신 사랑의 감정을 저 혼자 꾸며 내려고 애를 쓰게 하는 한편, 제가 이런 짓을 하고 있다는 걸 눈치채지 못하게 하란 말이지. 용기를 구하려 하거든 마치 용기가 불끈 솟아나는 것처럼 느끼려고 애쓰게 하고, 또 용서를 구하려 하거든 용서받은 것처럼 느끼려고 애쓰게 하거라. 제가 원하는 감정을 꾸며 내는 데 성공했느냐의 여부에 따라 기도의 성패를 평가하게 만들라구. 사실 그런 종류의 성패란 그 순간의 몸 상태가 좋으냐 나쁘냐, 상쾌하냐 피곤하냐에 따라 달라지는 걸지도 모른다는 의심을 혹시라도 하지 않도록 잘 처리하고.

물론 그 동안 원수도 놀고 있는 건 아니다. 기도의 자리에는 언제나 원수가 즉각 행동을 개시할 위험이 있지. 저나 우리나 순전한 영적 존재로서 마땅히 지켜야 할 체통이 있는 법인데도, 그 작자는 냉소적일 정도로 여기에 무관심한 나머지 인간 동물들이 무릎을 꿇을 때 아주 창피스런 방식으로 자신에 대한 지식들을 쏟아부어 준단 말이야.

하지만 환자의 의도를 오도하려는 첫번째 시도가 원수의 저지로 실패한다 해도, 우리에겐 훨씬 더 정교한 무기가 남아 있다. 인간들은 처음부터 원수를 직접 인식할 수는 없지. 불행히도 우리는 직접 인식하고 싶지 않으려야 않을 수가 없지만 말이다. 우리네 삶에 영원한 고통의 원인을 만드는 그 소름끼치는 광채, 칼로 찌르듯 아프고 불로 지지듯 무서운 그 불길을 인간들은 절대 모른다.

기도하는 네 환자의 마음 속을 들여다보면 알겠지만, 우리가 아는 **원수의 이런 모습**은 눈을 씻고 찾아도 없어. 그가 마음을 모아 기도를 바치고 있는 대상을 찬찬히 들여다보면, 아주 웃기는 요소들이 엄청 뒤섞여 있는 합성물이 보일 게다. 일단 원수가 '성육신'이라는 망신스러운 사건을 벌이는 동안 보여 주었던 모습에서 나온 이미지가 들어 있을 테고, 다른 두 위격에 관해서는 성자에 대해서보다 더 모호한 — 짐작건대 꽤나 미개하고 유치한 — 이미지가 들어 있겠지. 숭배의 감정(그리고 그에 수반되는 신체적 감각들)에서 나온 이미지들도 일부 있겠고. 환자는 주관적인 숭배의 감정을 객관화시켜서 그것을 곧 제가 경외하는 대상의 속성으로 생각해 버리거든. 나는 환자가 자기 '하나님'이라고 일컫는 존재가 어디 있는지 그 **위치** ─ 침실 천장 모퉁이 좌측이나 자기 머리 속, 또는 벽에 걸린 십자가 ─ 까지 짚을 수 있었던 경우들을 알고 있다.

그 합성물의 성격이 어떻든 간에, 너는 환자가 바로 **그것** ─ 자신을 만든 그 위격이 아니라 자신이 만들어 낸 그것 ─ 에 대고 기도하도록 붙들어 매야 한다. 환자를 잘 부추겨서 자신이 만든 합성물의 내용을 끊임없이 바로잡고 향상시키는 일에 큰 의미를 부여하게 하고, 기도하는 내내 그 합성물을 눈앞에 떠올리게 할 수도 있지.

그런데 만에 하나 환자가 그 차이를 구별하게 되는 경우, 즉 '내가 생각하는 당신이 아니라 하나님 당신이 알고 계시는 당신'을 향해 의식적으로 기도의 방향을 돌리게 되는 경우가 발생할 시에는 우리는 즉시 궁지에 빠지고 만다. 환자가 자신이 가지고 있던 생각과 이미지들을 모조리 내던져 버리기라도 한다면, 혹시 일부 남는다 해도 그 생각과 이미지들이 주관적인 것에 지나지 않는다는 걸 전심으로 인정하는 가운데, 눈에 보이지는 않지만 분명히 그 방 안, 자신의 곁에 실제로 존재하며 객관적으로 외재(外在)하는 그 존재에게 자신을 맡겨 버리기라도 할 때에는 그 이후의 일을 장담하기가 정말 어렵다.

그런 상황 — 그러니까 진짜 벌거벗은 영혼으로 기도하는 상황 — 을 피하려고 할 때, 인간들도 사실은 자신이 생각하는 것만큼 이런 상황을 바라지 않는다는 사실을 알면 도움이 될 게다. 그런데 때로 그들이 기대하지 못했던 것을 얻는 수도 있으니, 원!

너를 아끼는 삼촌,

*Screwtape*

# 5

사랑하는 웜우드에게

　지난 편지에서 업무 진행 상황을 자세히 보고하길 기대했더니 뜬구름 잡는 장광설만 늘어놓아 좀 실망했다. 너는 유럽에 사는 인간들이 또 전쟁을 시작했다는 소식에 "기뻐서 미치겠어요"라고 썼더구나. 네가 어떤 꼴일지 보지 않아도 훤하다. 하지만 넌 기뻐서 미칠 지경인 게 아니라 취한 것에 불과하다는 걸 알아야지. 환자가 잠 못 이루는 사연을 구구절절 균형감각 없이 묘사한 네 글의 들뜬 분위기만 봐도, 네가 지금 어떤 기분인지 상당히 정확히 추측할 수 있겠더라. 넌 우리가 수고의 대가로 받는 포도주 ― 인간의 영혼을 뒤흔드는 고뇌와 혼돈 ― 를 처음으로 맛보고 그만 취해 버린 게야. 널 탓할 맘은 없다. 젊은 몸뚱아리에 늙은이의 머리가 달려 있을 순 없는 법이니까.

그래, 네가 보여 준 공포스러운 미래상에 환자가 제대로 반응하더냐? 자기연민이 잔뜩 낀 시선으로 행복하던 시절을 돌아보도록 손을 잘 써 두었겠지? 그 때 미세한 전율이 환자의 명치 끝을 짜르르 훑어내리더냐? 물론 너는 네 바이올린을 곱게 연주해 주었겠지? 그래, 그래. 그건 다 자연스러운 현상이야.

하지만 웜우드, 의무가 쾌락에 앞선다는 점을 잊으면 안 된다. 이 순간에 실컷 탐닉하다가 나중에 먹이를 놓치기라도 하는 날에는, 네가 지금 처음 홀짝거리고 좋아하는 그 한 모금을 아쉬워하며 영원토록 목말라하게 될걸. 반면, 지금 여기에서 끈질기고 냉정하게 열심을 다함으로써 마침내 환자의 영혼을 안전하게 확보한다면, 그는 영원히 네 것이 될 게다. 네가 원할 때마다 언제든지 들이킬 수 있는 술잔, 절망과 공포와 당혹감이 철철 넘치는 산 술잔이 되는 거지. 그러니 순간적인 흥분에 넋이 빠져, 믿음을 갈아엎고 미덕의 싹을 잘라 버리는 네 본분을 잊어선 안 돼.

다음 편지에는 네 환자가 전쟁에 보인 반응을 잊지 말고 조목조목 빠짐없이 적어 보내거라. 그래야 극단적인 애국지사로 만드는 게 좋을지 열성적인 평화주의자로 만드는 게 좋을지 판단할 수 있을 테니까. 대안은 얼마든지 널려 있어. 하지만 전쟁에서 너무 많은 것을 바라지 말라는 경고만큼은 일단 해 두어야겠다.

물론 전쟁은 재미있는 사건이지. 바로 눈앞에서 펼쳐지는 인간들의 공포와 고통은 고군분투하는 우리네 수천만 일꾼들이 받아

마땅한, 유쾌하기 짝이 없는 활력소다. 그러나 우리가 이런 기회를 이용해 그 영혼들을 저 아래 계신 우리 아버지께 끌고 가지 못한다면, 전쟁이 일어난들 어찌 항구적인 이득이 있다 하겠느냐? 인간들이 잠시 고통을 겪다가 결국은 우리 손에서 빠져 나가는 걸 볼 때마다, 마치 화려한 만찬의 첫 코스만 맛보고 나머지는 손도 못 대 보는 듯한 기분이 든다. 그럴 바에야 아예 처음부터 맛을 안 보는 편이 낫지.

저 생긴 대로 야만적인 전투방식을 쓰는 원수는 제가 아끼는 인간들이 짧은 기간 불행을 겪는 모습을 우리에게 보여 주는데, 그건 오로지 우리를 감질나게 하고 괴롭히기 위해서야. 사실 위대한 투쟁의 현단계에서는, 원수가 그어 놓은 봉쇄선의 위력이 상당히 크다. 그 작자는 봉쇄선 밖에서 우리가 겪는 이 끝없는 허기를 비웃으려고 그 따위 짓을 한다구.

그러니 유럽 대륙에서 벌어지고 있는 이 전쟁을 어떻게 즐길까 생각할 게 아니라 어떻게 이용할까를 궁리해 보자꾸나. 전쟁 그 자체에는 우리에게 결코 유리할 것 없는 경향들이 포함되어 있으니 말이야. 물론 상당한 분량의 잔혹성과 음탕함을 기대할 수는 있다. 하지만 주의하지 않으면 오히려 이런 재난을 통해 수천 명의 인간들이 원수에게 돌아서는 꼴을 보게 될 수도 있고, 혹 그런 지경까지는 이르지 않더라도 이때껏 자기 자신에게만 관심을 두던 수만 명의 인간들이 자아보다 고귀하다고 믿는 가치와 명분에 눈길을 돌릴 수도 있지.

물론 이런 명분 가운데 상당수를 원수가 인정하지 않는다는 건 나도 안다. 바로 이 부분에서 그 작자는 아주 공정치가 못해. 자신이 못마땅히 여기는 명분을 위해 살았던 사람들까지도 제 편으로 포섭해 가는 경우가 자주 있으니 말이다. 그것도 그 인간들이 그 명분을 선한 것으로 믿었으며 자신이 아는 한 최선의 길을 따랐다는 극악한 궤변을 근거로 내세우면서.

선생통에 얼마나 바람직하지 못한 죽음들이 속출하는지도 한번 생각해 보거라. 인간들은 죽음을 예감할 수 있는 곳에서 죽는다. 그러니 원수 편에 있는 인간들은 그야말로 완전한 채비를 갖추고 죽음을 맞이하는 셈이지. 그보다는 **모든** 인간이 값비싼 요양원에서 죽는 게 우리한테는 훨씬 더 좋은 일이야. 거기에서는 우리에게 잘 훈련받은 거짓말하는 의사, 거짓말하는 간호사, 거짓말하는 친구들이 죽어가는 환자한테 살 수 있다고 장담하며, 아픈 사람은 멋대로 굴어도 좋다는 믿음을 부채질하고, 더 나아가 우리 일꾼들이 제 역할만 해 준다면 성직자가 환자한테 제안하는 것들을 죄다 보류시킴으로써 실제 상황을 은폐할 수도 있지!

전쟁이 계속해서 죽음을 환기시킨다는 점도 우리에겐 크나큰 재앙이다. 우리가 가진 최고의 무기 가운데 하나인 '세속에 만족하는 마음'이 아무짝에도 쓸모없는 무용지물이 되고 마니까. 전쟁통에도 자기가 영원히 살 수 있으리라고 믿을 인간이 한 놈인 들 있겠느냐.

스캡트리(Scabtree)를 위시한 몇몇 악마들이 전쟁의 와중에서 믿음을 공격할 절호의 기회를 찾은 적이 있다는 건 나도 안다만, 내 생각에 그건 과장된 견해다. 원수 편에 속한 일당들은 고난이 이른바 '구원'에 꼭 필요한 부분이라는 사실을 원수에게 똑똑히 들어 알고 있거든. 그러니 전쟁이나 전염병 따위에 무너지는 믿음이라면 애당초 무너뜨리려고 수고할 가치조차 없다.

난 지금 전쟁처럼 오랜 기간에 걸쳐 확산되는 고난에 대해 말하고 있는 게야. 물론 공포라든지 사별처럼 육체적 고통을 당할 때에는 이성이 일시적으로 마비된 상태를 틈타 바로 그 순간에 인간을 잡아챌 수도 있지. 그러나 나의 오랜 경험에 비추어 볼 때, 설사 그런 경우라 하더라도 인간이 원수의 본부에 구원을 요청하기만 하면 그의 요새는 거의 언제나 보호받게 되어 있다.

너를 아끼는 삼촌,

*Screwtape*

# 6

사랑하는 웜우드에게

환자의 나이로 보나 직업으로 보나 징집당할 가능성이 있긴 하지만 확실치는 않다는 소식, 반갑게 들었다. 우리야 환자의 앞날이 불확실할수록 좋지. 서로 충돌하는 미래의 모습들이 마음을 온통 채운 채 희망이나 두려움을 번갈아가며 불러일으킬 테니까. 원수가 인간의 마음에 접근하지 못하도록 바리케이드를 치기에 불안과 걱정만큼 효과적인 게 없다. 원수는 인간들이 현재 하는 일에 신경을 쓰기 바라지만, 우리 임무는 장차 일어날 일을 끊임없이 생각하게 하는 것이지.

물론 네 환자도 인내하며 원수의 뜻에 복종해야 한다는 가르침은 주워 들었을 게다. 원수가 의미하는 바는 뭐니뭐니해도 실제로 자신에게 주어진 시련 — 현재의 걱정과 불안 — 을 인내로써 받아들이라는 것이다. "뜻이 이루어지이다"라는 건 **바로 이 부분**에서 그렇게 해 달라는 기도이고, "일용할 양식을 주옵시고"라는 것도 **바로 이것**을 매일 감당하기 위한 기도지.

따라서 네 임무는 환자가 현재의 두려움이야말로 자신에게 주어진 십자가라는 생각을 절대 못 하게 하는 한편, 오로지 자신이 두려워하고 있는 미래의 일들에만 줄창 매달려 있도록 조처하는 거다. 아직 일어나지 않은 그 일들이야말로 제 십자가라고 믿게 만들거라. 그렇게 서로 어긋나는 일들이 한꺼번에 일어날 리 만무하다는 사실은 환자의 뇌리에서 싹 지워 버리고, 다 일어나지도 않을 미래의 일에만 미리 마음을 굳게 다지며 인내심을 발휘하려고 애쓰게 하거라. 열 가지도 넘게 가정해 놓은 서로 다른 운명들을 진짜로 동시에 받아들인다는 건 거의 불가능한 일인데다가, 그런 일을 하려고 덤비는 인간들에게는 원수도 큰 도움을 주지 않는다. 현재 실제로 겪고 있는 고난이라면야 아무리 두렵다 해도 받아들이기가 더 쉬울 뿐 아니라 대개는 원수도 직접 개입해서 도와 주지만 말이지.

여기에는 중요한 영적 법칙이 하나 연관되어 있다. 언젠가, 환자의 관심을 원수라는 존재 자체에서 환자 자신의 심리상태로 옮겨 놓으면 기도의 효력을 약화시킬 수 있다고 설명한 적이 있지? 이 경우는 그 반대다. 즉 환자는 자기가 두려워하는 대상보다는 두려움 그 자체에 집중하여 그것을 '현재 겪고 있는 바람직하지 못한 심리상태'로 여길 때, 더 쉽게 두려움을 극복할 수 있지. 그 두려움을 지금 자기에게 주어진 십자가로 여긴다면, 그것이 일개 심리상태에 불과하다는 걸 모르려야 모를 수 없다 이 말씀이야.

그러므로 여기에서 우리는 다음과 같은 일반적 법칙을 도출해 낼 수가 있다. '환자의 심리가 우리 목적에 도움이 되는 방향으로 작용할 시에는 아무런 자각 없이 대상 그 자체에 집중하도록 부추기되, 원수에게 유리하게 작용할 시에는 자신의 심리상태 그 자체에만 관심을 쏟게 한다.' 즉 환자가 모욕을 받았거나 여자의 육체에 눈길을 줄 때에는 관심을 외부에 붙들어 매서 '나는 지금 분노라고 부르는 상태에 들어서고 있다'거나 '나는 지금 정욕을 느끼고 있다'는 생각을 못 하게 해야 한다. 반대로 환자가 '내 기분이 점점 더 경건해지고 있다'거나 '점점 더 자비로워지고 있다'고 느낄 때에는 관심을 내면에 붙들어 매서 더 이상 자신을 넘어서서 원수나 이웃들을 바라보지 못하게 해야지.

환자가 전쟁에 가지고 있는 일반적인 태도에 대해서라면, 증오의 감정에 너무 기대지 말도록 해라. 증오는 기독교인이건 반기독교인이건 정기간행물을 통해 너나없이 토론하기 좋아하는 주제지. 물론 번민에 빠진 환자를 부추겨서 독일 지도자들을 향한 복수심에 불을 지르는 것도 그런 대로 괜찮은 일이긴 하다. 하지만 그런 감정은 대개 가상의 희생양을 향한 신파조의 공상적 증오가 되기 쉬워. 환자는 실제로 한 번도 이들을 만나 본 적이 없지 않느냐. 그의 머리 속에 있는 독일 지도자들이라고 해봤자 신문기사를 읽고 저 혼자 만들어 낸 마네킹에 불과하다구. 그런 공상 속의 증오는 아주 맥 빠지는 결과를 낳는 경우가 잦은데다가, 특히 영국인들은 이 점에서 아주 구제불능의 졸장부들이다. 독일 놈들은 어떤 고문을 해도 시원치 않다고 큰소리를 펑펑 치다가도, 막상 상처입은 독일 조종사가 뒷문으로 들어오면 얼른 차와 담배를 대접하는 한심스럽기 짝이 없는 족속이지.

네가 아무리 애를 써도 환자의 영혼에는 어느 정도의 악의와 함께 어느 정도의 선의가 있게 마련이다. 제일 좋은 방법은 매일 만나는 이웃들에게는 악의를 품게 하면서, 멀리 떨어져 있는 미지의 사람들에게는 선의를 갖게 하는 것이지. 그러면 악의는 완전히 실제적인 게 되고, 선의는 주로 상상의 차원에 머무르게 되거든. 만약 환자가 제 어머니나 고용주나 기차에서 매일 만나는 사람 따위를 사랑하는 몹쓸 버릇을 기르게 된다면, 독일군에 대한 증오에 아무리 기름을 퍼붓고 부채질을 해 봤자 전혀 쓸모가 없다.

네 환자를 몇 개의 동심원으로 생각해 보거라. 한가운데 의지가 있고, 다음에 지성이 있고, 제일 바깥쪽에 공상이 있다. 모든 원에서 원수의 흔적을 일거에 쓸어 버릴 수야 없는 일이지. 하지만 미덕이란 미덕은 모조리 밖으로 밀어내 공상의 원 안에 처넣고, 바람직한 자질들은 몽땅 안으로 끌어와 의지의 원 안에 모으는 작업은 해야 한다.

인간의 미덕들이 우리에게 치명상을 입히려면 반드시 의지의 원에 도달해서 습관으로 자리잡아야 하지(물론 내가 말하는 의지란 환자가 오해하는 것처럼 이런저런 결심을 해 놓고 이를 악물고 콧김을 뿜어 가며 안달복달 애쓰는 게 아니라, 원수가 '마음'이라고 부르는 진짜 중심을 가리킨다). 미덕들이 공상 속에서 아름답게 채색되고 지식인들의 인정을 받으며 어느 정도의 사랑과 존경까지 끌어모은다 한들, 그걸로 우리 아버지 집을 벗어날 수는 없다. 오히려 그런 미덕들을 가지고 지옥에 오는 인간이야말로 훨씬 더 재미있는 구경감이지.

너를 아끼는 삼촌,

*Screwtape*

# 7

사랑하는 웜우드에게

환자에게 네 존재를 꼭 숨길 필요가 있느냐고 묻는 이유를 모르겠구나. 적어도 투쟁의 현단계에서는 최고사령부에서 이미 내려 온 대답이 있지 않느냐. 당분간은 정체를 숨기는 것이 우리의 정책이다. 물론 처음부터 그랬던 건 아니지. 사실 우린 지독한 딜레마에 직면해 있다. 인간이 우리 존재를 믿지 않으면 직접 테러를 가함으로써 얻는 즐거운 소득을 포기해야 하고 마술사도 만들어 낼 수 없다. 반대로 인간이 우리의 존재를 믿게 되면 유물론자나 회의론자를 만들어 낼 수 없지.

어쨌든 적어도 아직까지는 우리 존재를 알릴 때가 아니야. 그러나 나한테는 한 가지 위대한 소망이 있다. 언젠가 적당한 때가 되면 과학을 감상적으로 만들고 신화화함으로써, 원수를 믿으려는 인간의 마음이 미처 열리기 전에 사실상 우리에 대한 믿음(물론 우리 이름을 노골적으로 내세우지는 않겠지만)을 슬금슬금 밀어넣는 법을 터득할 날이 오고야 말리라는 소망이지. '생명력'(Life Force)이라든가 성(性) 숭배 풍조, 정신분석의 몇몇 부분은 이 점에서 유용하게 써먹을 만하다. 언젠가 우리가 '유물론자 마술사'라는 완전무결한 작품을 만들어 낼 그 날이 오면, 즉 '영'의 존재는 거부하되 자기가 막연히 '힘'(Forces)이라고 부르는 것을 직접 활용까지는 못 하더라도 사실상 숭배하는 사람을 탄생시키는 그 날이 오면, 그 때 비로소 우리는 이 기나긴 전쟁의 끝을 보게 될 게다. 그 전까지는 명령에 따라야지.

네 환자를 무지의 어둠 속에 가두어 두는 게 그리 어려울 것 같지는 않구나. 현대인들은 '악마'를 대체로 **희극적인 모습**으로 상상한다는 사실이 힘이 될 게다. 혹시라도 환자의 마음속에 네가 정말 존재할지도 모른다는 의심이 희미하게라도 떠오를 시에는, 그 즉시 몸에 딱 달라붙는 빨간 타이즈 입은 꼴 따위를 보여 주면서 이런 우스꽝스러운 존재는 믿을 수 없으니 네 존재도 믿을 수 없지 않느냐고(이건 오래 전부터 인간을 혼란시킬 때 써먹었던 교과서적인 방법이지) 설득하거라.

환자를 극단적인 애국지사로 만드는 편이 좋을지 극단적인 평화주의자로 만드는 편이 좋을지 생각해 보마고 했던 약속은 잊지 않고 있다. 원수에 대한 극단적 헌신만 빼 놓는다면, 극단적인 경향은 무조건 부추길 만하지. 물론 언제나 그런 건 아니다만 적어도 이 시대에는 그렇다. 별 열의 없이 안일한 시대에는 인간들을 잘 얼러서 더 깊이 잠들게 하는 게 우리 소임이야. 하지만 지금처럼 균형을 잃고 편 가르기 좋아하는 시대에는 불을 더 붙여야 한다.

사람들이 싫어하고 무시하는 일로 뭉친 소집단은 내적으로는 서로 찬사를 주고 받는 온실 관계를 발전시키는 반면, 외부세계에 대해서는 엄청난 교만과 증오를 키워 나가게 되지. 그들이 뻔뻔스럽게 이것을 즐기는 이유인즉슨, 자신들의 배후에 '대의'가 버티고 있으며 이 대의는 개인의 차원을 넘어선다는 게야. 애초에 원수를 위해 모인 소집단들이라 해도 사정은 마찬가지다.

그러니 우리로서는 교회가 작을수록 좋을 수밖에. 물론 원수를 알게 되는 인간이 적다는 점에서도 좋지만, 설사 원수를 알게 된 인간들이라 해도 비밀결사 내지는 파벌 특유의 불편한 긴장과 방어적인 독선에 쉽게 빠져 주니 얼마나 좋으냐. 물론 교회는 원수의 강력한 보호를 받고 있어서, 교회 그 자체에 파당의 특성들을 **전부** 부여하는 데 성공한 예는 아직까지 한 번도 없었다. 그러나 교회 안에 있는 파당에 대해서라면, 멀리는 고린도 교회에 있던 바울파와 아볼로파부터 가까이는 영국 성공회의 고교회파와 저교회파에 이르기까지 흡족한 결과들을 많이 얻었지.

환자를 잘 구슬려 양심적 반전주의자로 만들 수만 있다면, 그는 자동적으로 소리만 크고 인기는 없는 조직적 소수파의 일원이 되는 셈이다. 특히 네 환자처럼 기독교에 입문한 지 얼마 안 되는 경우에는 효과가 거의 확실하지. 물론 '거의' 그렇다는 말이다.

혹시 네 환자는 이 전쟁이 터지기 전부터도 명분이 정당한 전쟁에 참전하는 일이 과연 적법한 것인지 진지하게 의심해 본 적이 있느냐? 그는 자신이 평화주의를 표방하는 진정한 동기를 반신반의하지 않을 만큼 진짜 용기 넘치는 사람이냐? 정직에 가장 근접했을 때에도(인간은 **정말** 정직해지지는 않는다), 자신은 원수에게 전적으로 순종하고 싶은 갈망 때문에 행동한다는 점을 확신해 마지않느냐?

환자가 만약 그런 사람이라면 평화주의자로 만들어 봤자 별 소득이 없다. 원수도 당파에 소속될 때 생기는 일반적인 결과들로부터 그를 보호해 줄 테고. 그 경우에 네가 할 수 있는 최선의 전략은 갑작스레 정서적 혼란을 일으켜서, 내키지 않는 마음으로라도 애국자로 변신하게 만드는 것이다. 이런 방식으로 사태를 성공적으로 수습한 예가 왕왕 있었지. 그러나 내가 파악한 대로라면, 네 환자한테는 평화주의를 써먹는 편이 더 나을 것 같구나.

그가 어떤 노선을 취하든 너의 주된 임무는 한 가지다. 애국심이든 평화주의든 자신이 믿는 종교의 일부로 생각하게 하거라. 그러다가 당파적 정신의 영향을 이용해, 그것이야말로 종교에서 가장 중요한 부분이라고 생각하게 하라구. 그러고 나서 조금씩 조금씩 소리없이 비위를 맞춰 가며, 종교가 '대의명분'의 일부로 전락하는 단계까지 몰아가야 한다. 그러면 기독교는 영국의 전쟁 수행이나 평화주의에 유리한 논증을 탁월하게 제공하느냐에 따라 겨우 그 가치를 인정받는 지경에 처하게 될 게야.

네가 경계해야 할 것은 환자가 현세의 일들을 원수에게 순종할 기회로 삼게 되는 것이다. 어떻게 해서든 세상을 목적으로 만들고 믿음을 수단으로 만드는 데 성공한다면 환자를 다 잡은 거나 마찬가지지. 세속적 명분이야 어떤 걸 추구하든지 상관없다. 집회, 팜플렛, 강령, 운동, 대의명분, 개혁운동 따위를 기도나 성례나 사랑보다 중요시하는 인간은 우리 밥이나 다름없어. '종교적'이 되면 될수록(이런 조건에서는) 더 그렇지. 이 아래에는 그런 인간들이 우리 한가득 득실거리는 판이니 원한다면 언제든지 보여주마.

너를 아끼는 삼촌,

*Screwtape*

## 8

사랑하는 웜우드에게

　그래, "요즘 환자의 종교적 국면이 잦아들고 있어 큰 희망을 품고" 있다고? 안 그래도 슬럽갑(Slubgob)이라는 늙은이를 학장 자리에 앉힌 뒤로 악마양성대학이 풍비박산났다고 생각하던 참인데, 이제야말로 정말 확실히 알겠구나. 도대체 그놈의 학교에서는 기복(起伏)의 법칙도 가르치질 않는단 말이냐?

　인간은 양서류다. 반은 영이고 반은 동물이지(원수가 그렇게 역겨운 잡종을 창조하기로 결심했다는 사실은 우리 아버지께서 원수를 지지하지 않기로 하신 중요한 이유 중 하나가 되었다). 그러니까 인간은 영적 존재로서 영원한 세계에 속해 있는 한편, 동물로서 유한한 시간 안에 살고 있다. 이게 무슨 말인고 하니, 인간의 영혼은 영원한 대상을 향하고 있지만 그 육체와 정욕과 상상력은 시시각각

변한다는 게야. 시간 안에 있다는 건 곧 변한다는 뜻이니까.

따라서 인간이 불변성에 가장 가까이 가는 길은 바로 이 기복의 과정을 거치는 데 있다. 골짜기로 떨어졌다 꼭대기로 올라갔다 하며 끊임없이 후퇴했다 복귀했다 해야 한단 말이지. 네가 환자를 자세히 관찰했다면, 그의 삶을 이루고 있는 모든 부분에 이러한 기복이 있다는 걸 알아챘을 게다. 일에 갖는 흥미도, 친구들을 향한 애정도, 몸의 욕구도 죄다 오르락내리락하지 않든. 이 땅 위에 살고 있는 한, 인간은 육체적으로 풍성하고 활기차며 쉽게 감동하는 시기와 무감각하고 결핍된 시기를 번갈아 겪어야 한다. 그러니까 지금 네 환자가 겪고 있는 메마르고 무덤덤한 느낌은 네 분별머리 없는 착각처럼 네 솜씨 때문이 아니라, 그때 그때 잘 활용하지 않으면 아무짝에도 쓸모 없는 자연스러운 현상에 불과하다 이 말씀이야.

이 현상을 최고로 잘 활용하려면, 먼저 원수가 이걸 어떻게 이용할까를 생각한 다음 그 반대를 택하면 된다. 원수가 인간 영혼 하나를 제 것으로 확보하기 위해 꼭대기보다 골짜기에 더 의존한다는 걸 알면 아마 좀 놀랄 게다. 원수가 특히 아끼는 인간들은 그 누구보다 길고도 깊은 골짜기를 통과해야 했다. 그 이유를 알겠느냐?

우리한테 인간이란 기본적으로 식량에 해당한다. 인간의 의지를 흡수해서 우리 자아의 영역을 확장하는 게 목적이니까. 그러나 원수가 인간에게 요구하는 순종은 이와 전혀 다르지. 원수가 인간을 사랑한다느니 원수를 섬기는 게 외려 완벽한 자유라느니 하는 말들이 단순한 선전문구가 아니라(우리야 그렇게 믿고 싶은 마음이 굴뚝 같다만) 소름끼치는 진실이라는 점은 우리도 직시해야 한다.

원수는 자신을 작게 복제해 놓은 이 혐오스러운 인간들 — 원수에게 흡수당해서가 아니라 자신의 의지로 자유롭게 원수의 뜻에 따른 결과, 규모는 작지만 어쨌든 원수의 삶을 닮게 된 것들 — 로 우주를 우글우글 채울 생각을 **정말로** 하고 있다구. 우리가 원하는 건 키워서 잡아먹을 가축이지만, 그 작자가 원하는 건 처음엔 종으로 불렀다가 결국 아들로 삼는 것이다. 우리는 빨아들이고 싶어하지만 그는 내뿜고 싶어하지. 우리는 비어 있어 채워져야 하지만 그는 충만해서 넘쳐 흐른다. 우리의 전쟁 목적은 저 아래 계신 우리 아버지께서 다른 존재들을 모조리 삼켜 버리는 세상이지만, 원수가 바라는 건 원수 자신과 결합했으면서도 여전히 구별되는 존재들로 가득 찬 세상이야.

바로 이 지점에 골짜기가 끼어든다. 원수는 아무 때나 자신이 원하는 수준에서 인간의 영혼이 감지할 수 있도록 능력을 발휘할 수 있는데도 불구하고 왜 그걸 활용하지 않는지 너도 궁금했겠지. 그러나 '불가항력'과 '논의의 여지 없음'은 원수가 세워 놓은 계획의 본질상 사용할 수 없는 무기임을 이젠 알겠느냐. 단순히 인간의 의지를 제압(원수가 최고로 미약하고 가벼운 정도로만 그 존재를 드러내도 인간의 의지는 간단히 제압당하고 말걸)하는 건 원수의 계획에 도움이 안 돼. 그는 강간은 못 한다. 사랑을 호소할 뿐이지. 이게 다 꿩도 먹고 알도 먹겠다는 천박한 생각 때문이야. 피조물과 하나가 되면서도 그들의 모습은 그대로 지니게 하겠다니, 원. 그러니까 단순히 인간들을 싹 없애 버리거나 동화시켜 버리는 건 아무 소용이 없다는 게지.

물론 원수도 처음에는 약간 제압할 태세를 갖춘다. 실제로는 미약하게 드러낸 것인데도 인간들에겐 굉장해 보이는 임재, 달콤한 감정이 일어나면서 유혹을 쉽게 이길 수 있는 그런 임재를 경험하게 해 준단 말이지. 그러나 이런 상태가 오래 가진 않는다. 원수는 얼마 지나지 않아서 그런 후원이나 장려책들을 죄다 거두어들이니까. 물론 실제로 거두어들이는 건 아니다. 인간들이 의식하는 경험의 수준에서 그렇게 느껴진다는 게지.

원수는 피조물들이 제 힘으로 서게 내버려 둔다. 흥미는 다 사라지고 의무만 남았을 때에도 의지의 힘으로 감당해 낼 수 있게 하겠다는 속셈이지. 인간은 꼭대기에 있을 때보다 이렇게 골짜기에 처박혀 있을 때 오히려 그 작자가 원하는 종류의 피조물로 자라가는 게야. 그러니 이렇게 메마른 상태에서 올리는 기도야말로 원수를 가장 기쁘게 할 수밖에.

우리는 환자들을 밥상에 오를 식사거리로 생각하는 판이니 끊임없는 유혹을 통해 질질 끌고와도 무방할 뿐 아니라, 그들의 의지를 방해하면 할수록 좋다. 하지만 원수로서는 우리가 인간을 악으로 유혹하듯이 미덕으로 '유혹'할 수는 없는 일이지. 제 바람대로 인간 스스로 걷도록 가르치려면 붙잡고 있던 손을 놓아야지 별 수 있겠느냐. 그러다가 넘어져도 계속 걷겠다는 의지만 보이면 그 작자는 좋아라 한다구.

그러니 윔우드, 속지 말거라. 인간이 원수의 뜻을 따르고 싶은 갈망을 잃었더라도 그렇게 하겠다는 의도를 여전히 가지고 있다면, 세상을 아무리 둘러보아도 원수의 흔적조차 찾을 수 없는 것 같고 왜 그가 자기를 버렸는지 계속 의문이 생기는데도 여전히 순종한다면, 그 때보다 더 우리의 대의가 위협받을 때는 없다.

물론 골짜기가 우리 편에 제공해 주는 기회도 있긴 하지. 다음 주에는 그런 기회들을 이용해 먹을 수 있는 힌트를 몇 가지 주도록 하마.

너를 아끼는 삼촌,

*Screwtape*

# 9

사랑하는 웜우드에게

　지난번 내 편지를 읽고 느낀 바가 있었으면 좋겠구나. 환자가 지금 겪고 있는 침체와 '건조함'의 골짜기를 제대로 이용하지 않는 한, 그의 영혼을 얻긴 글렀다는 건 똑똑히 알았겠지. 그렇다면 이번에는 그 이용 방안을 생각해 보자.

　먼저, 내가 발견한 바에 따르면 인간이 오르락내리락하는 가운데 골짜기를 지나가는 시기에는 감각적 유혹, 특히나 성적 유혹이 매번 잘 먹혀든다. 육체적인 활력이 넘치는 꼭대기 시기일수록 잠재적 욕구도 더 커질 텐데, 이게 웬 소리냐구? 꼭대기에 있을 때는 저항력도 최고로 높은 상태라는 걸 잊으면 안 되지. 불행히도 정욕을 일으키기에 좋은 건강과 활력은 일이나 놀이, 생각, 무해한 오락에도 쉽게 이용될 수 있다. 따라서 인간의 내면세계가 삭막하고 냉랭하고 공허할 때 외려 이런 공격이 성공할 가능성이 큰 게야.

　골짜기에 있을 때의 성욕은 꼭대기에 있을 때의 성욕과 질적으로 미묘하게 다르다는 점에도 주목해야 한다. 골짜기에 있을 때의 성욕은 인간들이 '사랑에 빠졌다'고 표현하는 들척지근한 현상으로 기울 가능성은 훨씬 적으면서 성도착(性倒錯)에 빠질 가능성은 훨씬 크고, 종종 성적 욕구를 맥풀리게 만들어 버리는 사랑의 부산물 — 관대하고 상상력이 넘치며 심지어 영적이기까지 한 — 에 오염될 가능성은 훨씬 적지. 성욕도 육체의 다른 욕구들과 하등 다를 게 없다. 착실한 술주정뱅이를 만들려면, 행복하고 느긋한 기분으로 친구들과 즐기고 있을 때 술을 권하기보다는, 침체되고 지쳐 있을 때 일종의 진통제로 마시도록 밀어붙여야 하는 것과 같은 이치야.

　어떤 쾌락이든 건전하고 정상적이며 충만한 형태로 취급하는 건, 어떤 점에서 원수를 유리하게 하는 짓임을 잊지 말거라. 우리가 쾌락을 사용해 수많은 영혼들을 포획해 왔다는 건 나도 안다만, 아무리 그렇다 해도 쾌락은 원수의 발명품이지 우리 발명품이 아니지 않느냐? 원수는 쾌락을 만들었지만, 우린 지금껏 수없이 많은 연구를 거듭했음에도 불구하고 단 하나의 쾌락도 만들어 내지 못했다. 우리가 할 수 있는 일이라고 해봤자 원수가 만든 쾌락들을 인간들이 즐기게 하되, 단 원수가 금지한 때에, 원수가 금지한 방식과 수준으로 즐기도록 유인하는 게 고작이지.

그래서 우리 악마들은 어떤 쾌락이든 자연스러운 상태에서 멀어지게 함으로써, 지극히 부자연스러울 뿐 아니라 처음에 쾌락을 만든 자의 흔적이라고는 눈곱만큼도 찾아볼 수 없고, 즐거움 역시 전혀 느낄 수 없게 만들기 위해 불철주야 애쓰고 있다. 쾌락은 감소시키고 그에 대한 갈망은 증대시키는 게 우리가 쓰는 방식이야. 사실 이 편이 효과도 더 확실하고 **스타일**도 더 낫지. 인간의 영혼을 손에 넣되 **아무 대가도 치르지 않는 것**, 이것이야말로 우리 아버지의 마음에 진정한 기쁨을 드리는 일이다. 그런데 골짜기는 이 과정을 시작할 수 있는 절호의 기회를 제공하지.

골짜기를 이용해 먹기에 더 좋은 방법도 있다. 이건 골짜기에 관한 환자 자신의 생각을 이용하는 방법인데, 늘 그렇듯이 이 작전의 첫 단계 역시 그의 마음속에 지혜가 접근하지 못하도록 막는 것이다. 기복의 법칙에 대해서라면 꿈에도 생각지 못하게 하거라. 처음 회심했을 때 경험한 열정은 영원무궁히 지속될 수 있는 것이고 영원히 지속되어야만 했다고, 지금 경험하고 있는 건조함 역시 그와 똑같이 영원토록 계속될 것이라고 믿게 하라구.

이런 오해를 환자의 머리 속에 잘 고정만 시켜 놓으면, 그 때부터는 다양하게 작전을 진행시킬 수가 있다. 작전 방향은 네 환자가 쉽게 절망하는 비관형이냐, 모든 일이 잘 되리라고 믿는 낙관형이냐에 달려 있지. 비관적 인간형은 요즘 찾아 보기가 힘들어졌다만, 혹시 네 환자가 그런 희귀종 가운데 하나라면 만사 간단하다. 경험 많은 그리스도인들과 접촉하지 못하게 하고(요즘 같은 때엔 식은 죽 먹기야) 적당한 성경구절에 관심을 끈 다음, 순수한 의지의 힘으로 예전 감정을 회복하려는 필사적인 시도를 계속 하도록 부추길 수만 있다면, 게임은 끝난 거나 다름없어.

환자가 좀더 희망적인 인간형일 경우에는 먼저 현재의 영적 저기압 상태를 묵인하게 한 다음, 이런 상태도 뭐 그리 심각한 침체는 아니라고 스스로 설득해 가며 차츰차츰 그 상태에 만족하게 만들어야 한다. 그렇게 한두 주일만 유지하면, 회심했던 당시의 열정이 좀 지나쳤던 것은 아닐까 의심하게 만들 수도 있지. 환자에게 만사에 중용을 지키라고 말해 주거라. '종교는 지나치지 않아야 좋은 것'이라고 믿게만 해 놓으면, 그의 영혼에 대해서는 마음 푹 놓아도 좋아. 중용을 지키는 종교란 우리한테 무교(無敎)나 마찬가지니까. 아니, 무교보다 훨씬 더 즐겁지.

또 다른 방법은 환자의 신앙을 정면공격하는 것이다. 골짜기가 영원히 계속되리라고 믿게 만들었다면, 이전의 모든 단계들이 그러했듯이 이 '종교적 단계' 또한 이제 사라지고 있는 중이라고 설득할 수 있지 않겠느냐? 물론 이성적으로만 생각하면 '이것에 흥미를 잃었다'는 명제가 '이것은 거짓이다'는 명제로 바뀔 가능성이 전혀 없지. 하지만 전에도 말했다시피, 넌 이성이 아니라 전문용어에 의존해야 한다. **단계**라는 단순한 단어도 십중팔구 큰 효과를 낼 게야.

인간이란 족속이 다 그렇듯이 환자도 예전에 여러 단계를 거쳤을 테고, 자신이 빠져 나온 그 단계들에 대해 노상 우월감을 느끼거나 생색을 내고 있겠지. 자신이 진정으로 그 단계들을 비판해서가 아니라, 이젠 그 단계들이 과거지사가 되었다는 단순한 이유로 말이다('진보'니 '발전'이니 '역사적 관점' 따위의 몽롱한 환상으로 환자의 허영심을 잔뜩 만족시켜 주고 있으리라 믿는다. 현대의 전기물도 많이 읽히고 있겠지? 전기 속의 인물들은 언제나 여러 단계를 빠져 나오고 있지 않더냐?)

이제는 좀 감이 잡히는지? 참과 거짓이라는 명백한 대립항을 생각지 못하게 하거라. '이건 그저 하나의 단계일 뿐이야', '나도 다 거쳐 왔지' 하는 식의 교묘하고도 아리송한 표현들을 잘 사용하도록 하고, '성장기'라는 복된 단어도 잊지 말고 써먹도록 해라.

너를 아끼는 삼촌,

*Screwtape*

# 10

사랑하는 웜우드에게

트립트위즈(Triptweeze)한테 네 이야기를 전해 듣고 기뻤다. 환자가 아주 바람직한 친구들을 새로 사귄데다가 너도 이 기회를 정말 믿음직하게 처리했다면서?

환자의 사무실에 들렀던 그 중년 부부야말로 우리가 소개하고 싶은 종류의 인간들이다. 부유하고 똑똑하며 겉으로만 지성적인데다가 세상 만사에 영리한 의심을 품는 사람들 말이지. 심지어 막연한 평화주의자라는 정보도 입수했다. 그것도 도덕적 근거 때문이 아니라, 대중과 관계 있는 것이라면 무엇이든지 하찮게 여기는 뿌리 깊은 습관과 유행에 불과한 문학적 공산주의의 위세 때문에 평화주의자가 된 사람들이라니, 정말 잘된 일이지 뭐냐.

너도 환자의 사회적, 성적, 지적 허영을 아주 잘 이용했던 모양이더구나. 어디 좀 자세히 말해 보려무나. 환자가 그 인간들한테 푹 빠져들던? 실제로 무슨 말을 했느냐는 게 아니다. 인간은 미묘한 표정과 말씨와 웃음을 통해 자기가 상대방과 한편임을 암시할 수 있는 동물이니까. 환자 자신은 자기가 그들과 한편이 되고 싶어한다는 걸 명확히 깨닫지 못하고 있으니만큼, 너는 이런 무의식적인 생각이 무심코 드러날 수 있도록 특별히 부추겨야 한다. 자기가 이런 생각을 하고 있었다는 걸 선명하게 깨달을 때쯤이면 이미 돌이키기 어려운 상황이 되어 있도록 말이야.

물론 새 친구들의 말에 깔려 있는 전제들이 자신의 신앙과 정면 배치된다는 사실은 환자도 금세 깨닫게 되겠지. 하지만 그걸 드러내 놓고 인정하는 사태만 지연시킬 수 있다면 별 문제가 되지 않는다. 수치심이니 자존심이니 예절이니 허영 같은 것들만 잘 건드린다면 식은 죽 먹기처럼 쉬운 일이야. 지연되는 기간이 길어지면 길어질수록 환자는 자꾸 진심을 가장(假裝)해야 하는 입장에 처하게 될 게다. 말을 해야 할 때는 침묵을 지키고, 침묵해야 할 때는 웃어 버리겠지. 자신은 동조하지 않는 온갖 종류의 냉소적이고 회의적인 태도들을 처음에는 이렇게 행동으로만 인정하겠지만, 결국에는 입으로도 인정하게 될 테고. 네가 잘 다루기만 하면, 그런 태도들을 아예 환자의 것으로 만들어 버릴 수도 있다. 인간은 자신이 가장했던 대로 변하는 법이니까. 이건 기본이야. 진짜 문제는 원수의 반격에 대처할 방안을 찾는 거다.

무엇보다 먼저, 이 새로운 즐거움이 하나의 유혹이라는 점을 가능한 한 늦게 깨닫게 하거라. 원수의 종들이 이천 년 동안이나 '세상' 이야말로 가장 크고 기본적인 유혹이라고 설교해 온 판이니, 어려운 일이긴 하지. 하지만 다행히도 수십 년 전부터 그런 설교가 아주 희귀해졌다. 현대의 기독교 서적 중에는 물신(物神)을 다룬 것들은 많은 반면(솔직히 내가 바라는 수준을 넘을 정도로 많지), 세속적 허영이라든가 친구를 선택하는 일, 시간의 중요성 따위에 대해서는 예전처럼 경고하는 책이 거의 없어. 이런 것들은 죄다 네 환자가 '청교도주의'라고 분류하는 범주에 들어가는 것들이지. 말 나온 김에 덧붙이자면, 이 '청교도주의'라는 말에 부여한 가치야말로 지난 백 년 사이에 우리가 얻어 낸 확실한 승리가 아니겠느냐? 이 말 한 마디로 해마다 수천 명씩을 절제와 순결과 건전한 생활에서 구출하고 있으니 말이다.

여하튼 네 환자는 얼마 못 가서 새로 사귄 친구들의 본색을 똑똑히 알게 될 게야. 그 때는 환자의 지적 수준에 맞추어 작전을 써야 한다. 환자가 충분히 쓸 만한 얼간이라면, 친구들이 곁에 없을 때에만 그들의 본질을 깨닫게 하고, 함께 있을 때에는 모든 비판력을 싹 실종시킬 수 있지. 이 작전만 성공하면, 환자가 꽤 오랫동안 이중적인 생활을 하며 살도록 유인할 수 있다. 나는 이렇게 사는 인간들을 많이 보아 왔지. 환자는 어떤 교제권에 속한 사람을 만나느냐에 따라 매번 다른 사람처럼 행동하게 될 게야. 이

건 단지 다른 사람처럼 '보이는' 데서 그치는 일이 아니다. 그는 정말로 매번 다른 사람이 '되는' 거라구.

혹시 이 작전이 실패하면, 좀더 교묘하고 재미있는 방법을 써 보거라. 이건 환자가 자기 삶의 이중성을 감지하는 데서 적극적인 쾌감을 느끼게 하는 방법인데, 허영심만 잘 이용하면 어려울 게 없다. 이를테면 주일마다 식료품 가게 주인 옆에서 기도하는 걸 즐기게 하는 거야. 자기가 토요일 저녁에 누리는 도회적이고 냉소적인 세계를 그 가게 주인은 도무지 이해할 수 없을 거라는 이유로 말이지. 반면 존경스러운 친구들과 함께 커피를 마실 때에는 음담패설과 신성모독적인 이야기를 즐기게 하는 거다. 이번에는 그들이 이해하지 못하는 내면의 '깊고' '영적인' 세계를 자기는 알고 있다는 이유로.

이제 좀 감이 잡히느냐? 한편으로는 세속적인 친구들을 만나고 다른 한편으로는 가게 주인을 만나는 가운데, 환자는 이른바 주변의 두 세계를 다 포용하는 완전하고도 균형잡힌 복합적 인간이 되는 셈이다. 그리고 이처럼 최소한 두 집단의 인간들을 끊임없이 배신하면서도 부끄러워하기는커녕 내심 자기만족에 취하게 된다 이 말씀이지.

마지막으로 이런 방법들이 죄다 실패했을 시에는, 양심의 소리를 무시한 채 새로 사귄 친구들과 교제를 계속해 나가도록 설득해야 한다. 그들과 함께 칵테일을 마시고 그들의 농담에 웃어 준다는 건 뭐라고 꼬집어 말할 순 없어도 여하튼 '좋은 일' 이고, 반면에 그렇게 하지 않는다는 것은 그야말로 '깐깐하고' '속좁고' (따라서 당연히) '청교도적' 으로 구는 꼴이 된다는 이유를 내세우거라.

그리고 그 동안 이 새로운 사태의 진전을 틈타 환자의 씀씀이도 헤퍼지고 직장이나 어머니한테도 소홀해지게 만들 수 있는 확실한 대책을 마련해 두어야 한다. 어머니한테는 질투심과 불안을 일으키고, 환자는 그런 어머니를 점점 더 피하면서 무례하게 굴게 만든다면, 그 집안의 긴장을 고조시키는 데 더할 나위 없이 좋은 기회가 되겠지.

너를 아끼는 삼촌,

*Screwtape*

# 11

사랑하는 웜우드에게

만사가 척척 잘 돌아가고 있는 게 분명하구나. 특히나 환자의 새 친구들이 자기네 패거리를 죄다 소개시켜 주었다니 정말 기쁜 일이 아닐 수 없다. 기록보관소에서 확인해 보니 참으로 속속들이 믿음직한 족속들이더구나. 거창한 범죄를 저지른 건 아니지만 여하튼 우리 아버지 집을 향해 가만가만 편안하게 다가가고 있는, 아주 꾸준하면서도 변함없는 냉소자들에다가 속물들이더라구. 그 인간들이 아주 잘 웃는다고 썼던데, 설마 그런 웃음이 늘 우리에게 이롭다고 믿고 쓴 말은 아니겠지? 이 부분은 주의해서 살펴볼 가치가 있다.

나는 인간들이 웃음을 터뜨리는 이유를 기쁨, 재미, 적절한 농담, 경박함으로 분류하고 있다. 휴일 저녁 친구들과 연인들이 모인 자리에 가면 '기쁨'(Joy)의 웃음소리를 들을 수 있지. 어른들 사이에서는 농담을 구실로 웃음이 터져나오는 경우도 있지만, 별 것 아닌 우스갯소리에도 웃음을 터뜨리는 걸 보면 농담이 그 진짜 원인은 아니야. 우리는 그 웃음의 진짜 원인을 모른다. 다만 인간들이 '음악'이라고 부르는 혐오스러운 예술에 그 비슷한 것이 상당 부분 표현되고 있고, 천국에도 그 비슷한 것 — 천상의 경험이 리듬을 타고 의미없이 고조되는 것으로서 우리로서는 아무 감흥도 느낄 수 없는 것 — 이 있다는 사실을 알 뿐이지. 여하튼 이런 류의 웃음은 우리한테 전혀 득될 게 없으니 예외없이 저지해야 한다. 게다가 이런 웃음은 그 자체로서도 구역질나는 현상일 뿐 아니라 지옥의 현실주의와 위엄과 엄격함을 정면으로 모욕하는 짓거리다.

'재미'(Fun)는 기쁨과 긴밀히 연관되어 있지. 인간의 유희본능에서 우러나오는, 뭐랄까, 감정의 거품 같은 것으로서, 우리에겐 거의 쓸모가 없다. 원수가 바라는 대로 느끼거나 행동하지 못하도록 인간의 주의를 빼앗는 데 써먹는 경우가 가끔 있긴 하다만, 그래도 그 자체만 놓고 볼 때 재미라는 건 전혀 바람직하지 못한 경향이야. 자비나 용기나 만족을 비롯한 여러 악들을 조장하거든.

부조리(incongruity)를 어느 한순간에 갑자기 깨닫게 만드는 '적절한 농담'(Joke Proper)이 재미보다야 훨씬 더 유망한 분야지. 난 지금 음탕하고 추잡한 유머를 말하는 게 아니다. 이류급 유혹자들이야 이 분야에 많이들 의존한다만, 실제로는 결과에 실망할 때가 많아. 사실 이 문제에서 인간은 두 부류로 선명하게 갈라진다. '욕정만큼 진지한 열정은 없다'고 믿는 인간들한테 음담패설을 웃음거리로 던져 줄 경우에는, 웃기면 웃길수록 성적 도발의 효과를 정확히 내기가 힘들어지지. 반면에, 웃음과 욕정이 같은 계기로 동시에 유발되는 인간들도 있다.

첫번째 부류의 인간들은 성에 관한 농담이 많은 부조리를 만들어 낸다는 이유로 이런 농담을 즐기고, 두번째 부류의 인간들은 성에 관해 말할 구실이 되기 때문에 부조리를 양산해 낸다. 네 환자가 첫번째 부류에 속한다면 야한 농담은 별 효과가 없을 게야. 이 법칙을 모르던 애송이 시절, 내 환자를 따라 술집이며 끽연실을 쫓아다니면서 낭비한 시간(정말이지 주리가 틀리도록 지루한 시간이었다)은 절대 잊지 못할 거다. 일단 환자가 어느 부류에 속하는지 파악하거라. 하지만 환자 자신은 자기 소속을 **모르게** 해야 한다.

농담이나 유머의 진짜 용도는 이와는 영판 다른 데 있어. 이런 용도는 특히 영국인들한테 써먹을 만하지. 그들은 자기네 '유머 감각'을 대단히 여긴 나머지 그것이 없다는 걸 거의 유일하게 부끄러운 결점으로 여기는 인간들이거든. 영국인들에게 유머는 매사에 위안을 주고 매사에 변명이 되어 주는(이 점에 주목할 것) 삶의 은총이란다.

　따라서 수치심을 파괴하는 데 농담보다 더 훌륭한 수단은 없지. 자기가 지불해야 할 것을 단순히 남에게 미루는 사람은 '치사한 인간'이 되지만, 졸지에 당한 친구들을 놀리면서 농담으로 자신의 성공을 으스대는 사람은 '재미있는 녀석'이 된다구. 단순히 비겁하다는 건 수치스러운 일이야. 하지만 우습게 과장하고 괴상한 몸짓을 해 가며 으스대면, 비겁함도 재밋거리로 둔갑시킬 수가 있지. 잔인성도 마찬가지다. 자기의 잔인성을 노련한 농담으로 포장해 버릴 수만 있다면 전혀 수치심을 느낄 필요가 없어.

　그러니까 인간을 지옥으로 떨어뜨리려고 할 때, '매사를 농담으로 처리할 수만 있다면 동료들에게 비난은커녕 경탄까지 받아가며 내가 원하는 것들을 할 수 있다'는 깨달음이야말로 수천 마디 음담패설이나 신성모독보다 훨씬 더 쓸모 있는 게야. 유머를 심각하게 여기는 영국인들의 태도를 잘 이용하면, 네 환자가 이런 유혹의 덫을 쉽게 눈치채지 못하도록 잘 은폐할 수 있을 게다. 혹시 환자의 마음 속에 '내가 좀 지나친 게 아닐까'라는 생각이 고개를 들거든, 웬 '청교도적'이고 '유머감각이 부족한' 생각이냐고 받아치거라.

　하지만 뭐니뭐니해도 최고로 좋은 건 '경박함'(Flippancy)이야. 무엇보다 아주 경제적이거든. 영리한 사람만 미덕에 대한 진짜 농담을 할 수 있는 반면, 누구나 미덕이 우스운 **것인 양** 떠들도록 훈련될 수 있지. 그런데 경박한 인간들은 늘 자기들이 농담을 했다고 생각하지. 실제로 농담을 한 것은 아닌데 말이야. 그저 심각한 주제를 다룰 때 자기가 거기에서 우스꽝스러운 부분을 찾아냈다는 냄새를 피우는 거야.

이런 상태를 오래 끌 수만 있다면 경박함이 습관으로 굳어져서, 마치 갑옷처럼 인간의 온몸을 둘러싸게 된다. 내가 아는 한 이건 원수의 공격을 막아 내기에 최고로 좋은 철갑이야. 더구나 경박함은 다른 웃음의 근원들과 달리 위험요소가 전혀 없지. 기쁨과 한참 떨어져 있는데다가 지성의 날을 벼리는 대신 무디게 만들며, 그렇다고 함께 웃는 사람들 사이에 애정을 만들어 주는 것도 아니거든.

너를 아끼는 삼촌,

*Screwtape*

# 12

사랑하는 웜우드에게

확실히 넌 탁월한 진보를 보이고 있다. 단 한 가지, 네가 너무 다그치는 바람에 환자가 제 진짜 위치를 깨닫게 될까 봐 걱정이구나. 너하고 나는 환자의 위치를 정확히 파악하고 있으니, 이 점을 십분 활용하여 환자에게는 이와 전혀 다른 위치를 보여 주어야 한다는 걸 절대 잊지 말거라.

알다시피 우리가 진로를 틀어 놓은 덕분에 환자는 이미 원수의 궤도에서 이탈하고 있는 중이다. 하지만 환자 자신은 진로 변경에 영향을 끼친 모든 선택들이 '얼마든지 취소 가능한 사소한 것들'이라고 믿게 해야 한다. 속도가 느리긴 하지만 여하튼 자신이 지금 태양으로부터 등을 돌려 차갑고 어두운 공간의 끝으로 가고 있다는 생각을 절대 허용해서는 안 돼.

환자가 여전히 교회에 드나들며 성찬에 참여한다는 말을 내가 반기다시피 한 이유가 여기 있다. 물론 여기에도 위험이 있다는 건 나도 안다만, 그래도 회심한 후 첫 몇 달 간과 현재 사이에 괴리가 생겼다는 걸 깨닫게 되는 것보다야 낫지. 환자가 겉으로나마 그리스도인의 습관을 유지하고 있다면, '새 친구를 몇몇 사귀고 새 여흥거리를 몇몇 찾았을 뿐이지, 6주 전과 비교할 때 내 영적 상태가 크게 달라진 건 아니야'라는 생각을 불어넣어 줄 수 있단다. 그리고 그렇게 믿고 있는 한, 환자가 자기 죄를 분명하고도 충분하게 인정하고 숨김없이 회개하게 될까 봐 전전긍긍할 필요가 없지. 우린 그저 '근래 들어 뭔가 잘못하고 있는 것 같아'라는 불편하지만 막연한 감정만 요리하면 된다.

그런데 이렇게 모호한 불편함을 다룰 때는 세심한 주의가 필요해. 불편함을 너무 심화시키면 환자가 정신을 차리게 되어 게임이 끝나 버리고, 그렇다고 불편한 마음을 완전히 억눌러 버리면 ― 물론 원수가 그렇게 내버려 두지도 않겠지만 ― 우리에게 유리한 상황 요인 하나를 놓치는 셈이니까. 석연치 않은 감정을 가슴 한구석에 남겨 놓되 환자가 불편함을 감당치 못하고 마침내 진정한 회개로 나아가는 지경을 피할 때, 우리는 아주 귀중한 경향을 하나 만들어 낼 수 있다. 원수에 대해 생각하는 걸 점점 더 꺼리게 되는 경향 말이지.

모든 인간은 거의 항상 그런 식의 거리낌을 가지고 있는 법이야. 그런데 평소에는 절반쯤 느끼고 있던 죄의식의 막연한 구름이 원수를 생각할 때마다 한층 더 뭉게뭉게 피어올라 눈앞을 가린다면, 원수를 거리끼는 마음이 열 배는 더 심해지겠지. 재정적 위기에 처한 사람이 통장만 봐도 진절머리치듯이, 원수를 생각나게 하는 거라면 무조건 증오하게 된다 이 말씀이야.

일단 이런 상태에 빠지고 나면 교회는 꼬박꼬박 나가도 종교적 의무들은 점점 더 싫어하게 될 게다. 종교적 의무를 행하기 전에는 그저 남부끄럽지 않은 한도 내에서 가능한 한 조금 생각하고, 의무를 끝내고 나면 가능한 한 빨리 잊어버리겠지. 몇 주 전만 해도 환자의 기도를 비현실적으로 만들고 주의를 산만하게 하기 위해 네가 **유혹해야 했지만**, 이제는 오히려 환자 편에서 기도의 목적을 흐트러뜨리고 자기 마음을 무디게 만들어 달라고 애걸하다시피 두 팔 벌리는 모습을 보게 될 게다. 그는 원수를 진짜 만나게 되면 어떡하나 하는 두려움 때문에, 자기 기도가 비현실적인 게 되길 **바라거든**. 그의 목적은 되도록 양심의 가책을 일깨우지 않는 것이지.

이런 상태가 좀더 확고하게 자리잡으면, 쾌락을 유혹의 미끼로 제공하는 지루한 일에서 점차 해방될 수 있다. 불편함 그 자체, 또 불편함을 꺼리는 마음 때문에 진짜 행복에서 멀어지면 멀어질수록, 또한 허영심과 흥분과 경박함이 아예 습관이 되는 바람에 쾌락이 점점 시시해지고 있는데도 그것을 포기하기는 점점 더 어려워질수록(어떤 쾌락이든 습관이 될 때 시시해진다는 건 참 다행한 일이다), 네가 어떤 걸 제공해도, 아니 심지어 아무것도 제공해 주지 않아도 환자의 산만한 관심을 끌기에 충분하다는 걸 알게 될 게다.

이쯤 되면 기도나 일이나 수면을 방해하기 위해 환자가 좋아하는 책을 던져 줄 필요가 없다. 전날 저녁 신문에 나온 광고 한 줄로도 충분하지. 시간을 낭비시키기 위해 그가 좋아하는 사람들과 즐겨 나누는 대화에만 의존할 필요도 없어. 평소에 신경조차 쓰지 않던 사람들과 따분한 주제로 떠들게 하면 되거든. 또 오래도록 아무 일도 못 하게 할 수도 있지. 굳이 술 마시며 떠들어 대게 하지 않아도, 썰렁한 방에 앉아 꺼진 불씨만 멍하니 바라보면서 늦게까지 잠 못 이루게 할 수 있다구. 마땅히 피해야 할 건강한 외향적 활동은 죄다 금지시키면서, 그 대신 할 만한 일은 아무것도 주지 않을 수도 있지. 그렇게만 되면 내가 언젠가 맡았던 환자가 이 곳 지옥에 도착했을 때처럼 네 환자도 이렇게 말하게 될걸. "이제 보니 나는 해야 할 일도 **하나 못 하고** 좋아하는 일도 **하나 못 한 채** 인생의 대부분을 보내 버렸구나."

그리스도인들은 원수를 놓고 '그분 없이는 아무것도 강하지 않다'(without whom Nothing is strong)고 했다. '아무것도 아닌 것'(Nothing)이야말로 정말 강하고말고. 인생의 가장 중요한 시절을 슬쩍할 수 있을 만큼 강하지. 인간은 달콤한 죄도 못 되는 것, 도대체 뭔지도 모르고 왜 하는지도 모를 것에 미적지근하니 관심을 보이다말다 하거나 자기도 잘 모르는 어렴풋한 호기심을 채워 보다가, 손장난이나 발장난을 하거나 좋아하지도 않는 곡조를 흥얼거리다가, 혹은 흥미로운 욕망이나 야망이 자극된 것이 아닌데도 일단 우연히라도 발을 디디고 나면 도저히 빠져 나오기 힘든, 그 길고도 어둑한 몽상의 미로에서 헤매다가 인생을 낭비한다. 인간이란 그만큼 혼미해지기 쉬운 약한 족속들이야.

이런 건 죄다 사소한 죄가 아니냐고 말하고 싶겠지. 다른 젊은 유혹자들처럼 깜짝 놀랄 만한 죄악을 보고하고 싶어 안달난 꼴이 보이는구나. 하지만 명심하거라. 중요한 것은 네가 환자를 원수에게서 얼마나 멀리 떼어놓느냐 하는 것 한 가지뿐이다. 아무리 사소한 죄라도 그것이 쌓여 인간을 '빛'으로부터 '아무것도 아닌 것'으로 조금씩 조금씩 끌어올 수 있으면 그만이야. 만약 도박으로 그런 효과만 낼 수 있다면 살인을 유도하는 것보다 못할 게 없다.

사실 가장 안전한 지옥행 길은 한 걸음 한 걸음 가게 되어 있다. 그것은 경사도 완만하고 걷기도 쉬운데다가, 갈랫길도, 이정표도, 표지판도 없는 길이지.

너를 아끼는 삼촌,
*Screwtape*

## 13

사랑하는 웜우드에게

아주 간단한 말을 하느라 아까운 종이를 엄청나게 허비했더구나. 머리 꼬리 다 떼고 나면, 결국 환자를 놓쳤다는 말 아니냐. 이건 아주 심각한 상황인데, 사실 네 무능의 소치를 내가 왜 앞장서서 막아 주어야 하는지 모르겠다. 환자가 죄를 회개하고 저쪽에서 '은혜'라고 부르는 걸 회복한 규모가 정말 네 말대로라면, 이건 일급에 해당하는 참패야. 제2의 회심이나 마찬가지라구. 그것도 아마 첫번째 회심보다 더 깊은 차원의 회심이었을걸.

환자가 오래 된 물방앗간에 산책 갔다 오는 길에 공격을 했더니, 꼭 숨을 틀어막는 듯한 구름이 나타나 널 막았다고? 그건 이미 잘 알려진 현상이라는 사실을 알았어야지. 구름은 원수가 사용하는 가장 무지막지한 무기로서, 보통은 원수가 아직 완전히 밝혀지지 않은 형태로 환자들에게 직접 임재할 때 나타나는 현상이다. 그 구름에 영원히 둘러싸여 있는 바람에 우리가 도저히 접근할 수 없는 인간들도 있지.

그건 그렇고, 네가 무슨 큰 실수를 했는지 좀 따져 보자. 무엇보다 먼저, 넌 네 나름대로 변명을 내세우며 환자가 진짜 좋아하는 책을 읽도록 허용했다. 그런데 환자는 새 친구들에게 아는 척하려고 책을 읽은 게 아니라 진짜 좋아서 읽었지. 둘째, 너는 환자가 오래 된 물방앗간까지 산책을 나가 그 곳에서 차를 마시도록 허용했다. 환자가 진심으로 좋아하는 시골길을 그것도 혼자서 가게 하다니, 한마디로 넌 긍정적인 진짜 쾌락을 두 가지나 허용한 셈이다. 그 위험을 알아채지 못할 정도로 무식하단 말이냐?

고통과 쾌락은 너무나도 명백한 현실이기 때문에, 그것이 지속되는 한 현실의 시금석 노릇을 하게 되는 법이다. 따라서 낭만적인 방법 — 이를테면 상상 속에 걱정거리를 만들어 놓고 자기연민에 빠져 허우적대는 베르테르[6]나 해롤드 공자[7]처럼 만드는 방법 — 을 써서 환자를 멸망시키려면, 무슨 일이 있어도 진정한 고통을 느끼지 못하게 해야 한다. 5분간의 순수한 치통만으로도 터무니없는 것에 느꼈던 낭만적 슬픔의 정체가 드러나면서, 네 전략이 죄

---

6) 독일 작가 괴테(Johann Wolfgang von Goethe)가 쓴 〈젊은 베르테르의 슬픔〉의 주인공.
7) 영국 낭만주의 시인 바이런(Lord George Gordon Byron)이 쓴 〈해롤드 공자의 여행기〉주인공으로서, 낭만적 인물의 전형으로 꼽힌다.

다 폭로되고 만다구.

넌 '세상'을 이용해서, 즉 허영심이나 부산스러움, 아이러니, 사치스런 따분함을 쾌락인 양 속임으로써 환자를 파멸시키려고 애쓰는 중이었다. 그런데 그런 네가 어떻게 **진정한** 쾌락이야말로 최후까지 막아야 할 금기사항임을 잊을 수 있단 말이냐? 네가 지금껏 그렇게나 노력해서 환자로 하여금 애지중지하게 만든 싸구려 쾌락들이 단 한순간의 비교로 무색해지리라는 걸 예견치 못했다는 거냐? 네가 허용한 책과 산책의 쾌락이 무엇보다 위험하다는 걸 몰랐어? 그 쾌감이 환자의 감수성에 덮여 있던 더께를 벗겨 내고, 이제야 제 모습을 되찾아 고향으로 돌아가는 듯한 느낌을 줄 줄 몰랐느냐고? 환자를 원수에게서 격리시키기 위한 예비 단계로 먼저 그 자신에게서 격리시키는 작업이 순조롭게 진행중이었는데, 이젠 다 글러 버렸다.

물론 원수도 인간을 그 자신에게서 격리시키기 원한다는 건 안다. 하지만 방향이 달라. 그 작자는 이 조그만 버러지들을 진짜로 좋아하기 때문에 한 마리 한 마리의 차이에 터무니없이 큰 가치를 부여한다는 걸 명심해야지. 원수가 자아를 버리라는 건 아집으로 소리치고 주장하기를 그만두라는 뜻에 불과하다. 그래서 인간들이 아집을 버리고 나면 진짜 각자의 개성을 전부 돌려준다구. 원수는 인간이 온전히 그의 것이 될 때, 그 어느 때보다 더 진정한 제 모습을 찾을 수 있다고 큰소리친다(불행히도 이건 원수의 진심이지).

그러니까 원수는 그의 뜻에 온전히 복종하기 위해 설사 해롭지 않은 의지라 하더라도 기꺼이 포기하는 인간을 기뻐하는 반면, 그 밖에 다른 이유로 제 본질에서 벗어나 표류하는 인간을 아주 싫어한다. 물론 우리야 당연히 이런 표류를 부추겨야지. 인간의 가장 깊은 곳에 있는 취향과 충동은 원수가 준 원재료이자 출발점이다. 그러므로 그런 취향과 충동에서 멀어지게 만들 수만 있다면 우리로선 먼지 한 점을 따고 들어가는 셈이다. 그러니 아무리 대수롭지 않은 일이라도 자기가 정말 좋아하느냐 싫어하느냐를 제쳐놓은 채, 세상의 기준과 관습과 유행에 따르게 하는 편이 좋은 게야.

나라면 이 전략을 끝까지 밀어붙이겠다. 실제로는 죄라고 할 수 없는 개인적 취향들을 뿌리째 뽑아 버리는 걸 원칙으로 삼겠단 말이야. 크리켓을 즐긴다거나 우표를 모은다거나 코코아 마시는 일처럼 아무리 사소한 취미라도 모조리 뿌리 뽑아야 해. 물론 나도 그런 취미 자체가 미덕과 관계 있는 건 아니라는 점을 인정한다. 하지만 그런 것들 속엔 아무래도 미심쩍은 순수함이나 겸양이나 몰입의 경지 같은 게 존재하지. 누가 뭐라고 하든 개의치 않고 아무 사심 없이 좋아하는 대상을 하나라도 가지고 있는 사람은 우리의 가장 정교한 공격방식에 대항할 준비가 되어 있다고 봐야 한다.

그러니 사람이든 음식이든 책이든 환자가 정말 좋아하는 것들은 버리게 하고, 그 대신 '제일 좋은' 사람, '적합한' 음식, '중요한' 책들만 찾게 만드는 일에 늘 힘쓰거라. 내가 아는 인간 중에는 내장과 양파 요리를 너무나도 좋아한 나머지, 사회적 야심이라는 강력한 유혹에도 꿈쩍하지 않는 자가 있었다.

이제 이 재난의 수습 대책을 모색하는 일이 남았구나. 가장 중요한 건 환자가 어떤 것도 행동으로 옮기지 못하게 막는 일이다. 이 새로운 회개에 대해 아무리 생각을 많이 한들 행동으로 옮기지 않는 한 전혀 문제 될 게 없어. 그 하찮은 짐승이 자기 머리 속에서만 뒹굴게 하거라. 글재주가 눈곱만큼이라도 있거든 이 경험에 대해 책을 쓰게 하고. 글쓰기는 원수가 영혼에 심은 씨앗을 말려 죽이는 데 종종 탁월한 효과를 내니까.

여하튼 행동으로 옮기는 것만 아니라면 무슨 짓이라도 하게 두거라. 상상과 감정이 아무리 경건해도 의지와 연결되지 않는 한 해로울 게 없다. 어떤 인간이 말했듯이, 적극적인 습관은 반복할수록 강화되지만 수동적 습관은 반복할수록 약화되는 법이거든. 느끼기만 하고 행동하지 않는 경우가 많아질수록, 점점 더 행동할 수 없게 될 뿐 아니라 결국에는 느낄 수도 없게 되지.

너를 아끼는 삼촌,

*Screwtape*

81

# 14

사랑하는 웜우드에게

지난번 네 보고를 받고 제일 걱정되는 건, 환자가 처음 회심했을 때처럼 자신만만한 결심들을 남발하지 않는다는 점이다. 듣자하니 앞으로는 계속 선한 일만 하겠다는 약속도 펑펑 하지 않았더구나. 심지어 한 번 받은 '은혜'가 평생 지속되길 바라는 것도 아니고, 그저 매일 매시간 닥치는 유혹을 이길 수 있도록 그 매일 매순간에 해당하는 만큼의 은혜만 바란다니! 상황이 여간 심각한 게 아니다.

지금 해야 할 일은 딱 하나야. 네 환자는 겸손해졌다. 환자가 그 사실에 관심을 갖도록 유도해 보았느냐? 미덕이란 인간 스스로 그것을 가졌다고 의식하는 순간에 위력이 떨어지는 법인데, 겸손의 경우에는 특히 더 그렇지. 환자의 심령이 진짜 가난해진

순간을 잘 포착해서 '세상에, 내가 이렇게 겸손해지다니!' 하는 식의 만족감을 슬쩍 밀어넣거라. 그러면 거의 그 즉시 교만 — 자신이 겸손해졌다는 교만 — 이 고개를 들 게야. 혹시라도 환자가 위험을 눈치채고 이 새로운 형태의 교만을 다잡으려 들거든, 이번엔 그런 시도를 했다는 사실을 자랑스러워하게 만들라구. 이런 식으로 하면 네가 원하는 많은 단계들로 나아갈 수가 있다. 하지만 너무 오래 써먹진 마라. 혹시라도 환자의 유머감각과 균형감각이 깨어날 시에는, 너를 간단히 비웃고 잠자리에 들 수도 있으니까.

겸손이라는 미덕 자체에 관심을 고정시킬 수 있는 다른 유용한 방법들도 많이 있다. 대부분의 미덕이 그렇듯이 원수는 겸손을 통해서도 인간이 자신에게서 눈을 돌려 원수와 이웃을 향하게 되길 바라지. 자괴감이나 자기혐오의 감정들도 길게 보면 결국 이 한 가지 목적을 위해 고안된 것들이야. 그러니 그 목적이 달성되지 않는 한 우리에게는 해로울 게 없다. 인간이 계속 자기에 대한 생각에 갇히게 된다면, 그리고 무엇보다 자기경멸을 출발점으로 하여 다른 인간들을 경멸하는 자리로 나아가며 우울함과 냉소주의와 잔인함으로 나아가게 된다면, 우리한테는 외려 이득이지.

그러니 너는 환자가 겸손의 진정한 목적을 보지 못하게 해야 한다. 겸손이란 자기 자신을 아예 잊어버리는 게 아니라, 자신의 능력과 성격에 대해 특정한 형태의 의견(즉 낮은 평가)을 갖는 거라고 생각하게 만들라구. 환자도 물론 몇 가지 재능쯤은 가지고 있겠지. '겸손이란 내 재능의 가치를 내가 실제로 믿고 있는 수준보다 낮게 보려고 애쓰는 것'이라는 생각을 마음 속에 꼭꼭 박아 주거라.

**실제로도** 인간의 재능은 저들의 생각만큼 가치있는 게 못 되지만, 그건 중요한 점이 아니다. 정말 중요한 건 어떤 자질에 대한 진실보다 평가를 더 중요시하게 함으로써, 미덕의 싹이 나타나는 족족 거짓과 가식의 요소를 그 중심에 주입하는 것이지. 이 방법을 통해 수천 명에 이르는 인간들이 '겸손이란 아름다운 여자가 스스로 못난이라고 믿으려고 애쓰며, 명석한 남자가 스스로 멍청이라고 믿기 위해 노력하는 것'이라고 믿게 되었다. 그래서 뻔히 사실과 다른 걸 믿으려고 애들을 쓰는 경우가 생기는데, 그런 시도가 성공할 리가 있나. 게다가 우린 인간이 이렇게 불가능한 일을 해 보려고 노력하는 사이에 끊임없이 저 자신만 생각하도록 붙들어 둘 기회를 얻을 수 있지.

원수의 전략을 예측하려면, 그의 목적이 무얼까를 먼저 생각해 보아야 한다. 원수가 원하는 건 인간이 세상에서 가장 좋은 교회를 설계한 후, 그것이 가장 좋은 교회라는 사실을 알고 기뻐하는 거야. 다른 사람이 설계했을 때보다 더하지도 덜하지도 않은 기쁨으로 말이지. 원수는 결국 인간이 자신에게 유리한 편견으로부터 자유로워져서, 이웃이 가진 재능을 볼 때와 똑같이, 해 뜨는 광경이나 코끼리나 폭포수를 볼 때와 똑같이, 자신의 재능 또한 솔직하고도 감사한 마음으로 기뻐할 수 있길 바라는 거다.

원수는 그리하여 인간 한 사람 한 사람이 '모든 피조물(자기 자신을 포함해서)은 하나같이 영광스럽고 뛰어난 존재'임을 인정하게 되기를 바란다. 물론 인간의 동물적인 자기사랑이야 그 작자도 하루빨리 없애고 싶어하지. 하지만 원수는 새로운 종류의 자기사랑 — 자기 자신을 비롯하여 모든 자아를 향한 사랑과 감사 — 을 회복시키기 위해 장기 정책을 쓰고 있다. 이게 무서운 거지. 이웃을 정말 제 몸처럼 사랑하기를 배운 인간은 저 자신 또한 이웃처럼 사랑할 수 있게 된다. 이건 최고로 불쾌하고 납득할 수 없는 원수의 특징 때문인데, 우리가 절대 잊으면 안 될 그 특징이란 바로 그 작자가 자신이 창조해 낸 저 털 없는 두발 짐승들을 **진짜로** 사랑한다는 것, 그래서 왼손으로 가져간 것이 있으면 항상 오른손으로 돌려준다는 것이다.

따라서 원수는 인간이 '나의 가치'라는 주제에 마음을 두지 않게 하려고 총력을 기울일 게다. 그는 인간이 자신을 별 볼일 없는 건축가나 시인으로 폄하하려고 애쓰느라 시간과 노력을 들이기보다는, 차라리 자신을 위대한 건축가나 위대한 시인으로 생각한 다음 그에 대해 잊어버리는 편을 더 좋아할 거라구. 따라서 네가 환자에게 허영심이나 거짓 겸손을 불어넣으려 들라치면, 원수 편에서 즉각 '사람이 자기 재능에 대한 의견을 피력해야 할 입장에 처한다는 건 그리 흔치 않은 일'이라는 점을 분명히 일깨우며 반격을 개시할 게야. 명예의 전당에서 자신의 서열이 정확히 몇 번째쯤 되는지 굳이 생각해 놓지 않아도 능력을 최대한 계발하는 데엔 지장이 없다는 거지. 너는 무슨 수를 써서라도 환자가 이런 사실을 깨닫지 못하도록 막아야 한다.

또 원수는 인간들이 입으로는 고백하지만 실감하지는 못하는 교리 하나를 환자의 마음속에 현실화하려 들 게야. 인간들이란 스스로 창조해 낸 존재가 아니며 그들의 재능 역시 원수가 준 것이므로 제 머리 색깔을 자랑스러워하는 건 당연한 일이라는 교리 말이지. 원수가 때와 방법을 가리지 않고 추구하는 목적은 환자의 마음을 자신의 가치에 관한 문제들에서 떼어 놓는 것이고, 네 목적은 환자의 마음을 그런 문제들에 붙들어 놓는 것이다. 원수는 아무리 죄 문제라 하더라도 환자가 너무 깊이 천착하길 바라지 않지. 일단 회개했으면 되도록 빨리 관심을 밖으로 돌릴수록 좋아한다구.

너를 아끼는 삼촌,

*Screwtape*

현대인들은 '악마'를 대체로 희극적인 모습으로 상상한다.

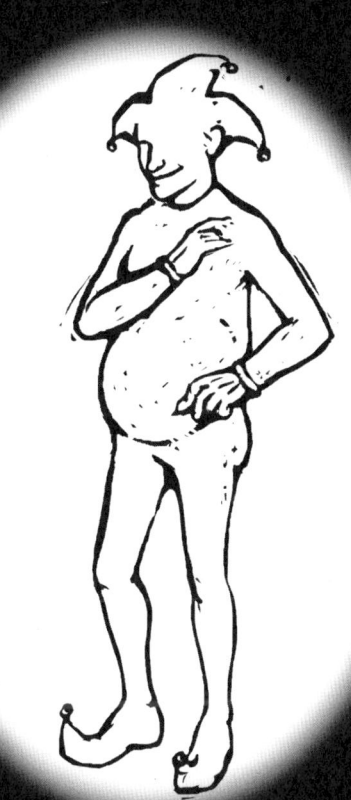

## 15

사랑하는 웜우드에게

물론 유럽전쟁 — 인간들이 뭣도 모르고 '대전'(The War)이라 부르는! — 이 소강상태에 들어갔다는 건 나도 주목한 바이고, 그에 따라 환자의 불안감 또한 소강상태에 접어들었다는 것이 그리 놀랄 일은 아니다. 그렇다면 이런 상태를 부추기는 편이 좋을까, 아니면 계속 걱정하게 만드는 편이 좋을까? 괴로운 두려움이나 어리석은 자신감, 둘 다 바람직한 심리상태지. 우리가 그 두 가지 중에 하나를 택하려면 몇몇 중요한 문제들을 고려해야 한다.

인간은 시간 속에서 살고 있지만 원수는 그들을 위해 영원을 예비해 두었다. 그래서 인간의 주된 관심을 영원 그 자체와 이른바 현재라는 두 가지 시점 모두에 집중시키려 들지. 현재는 시간이 영원에 가닿는 지점 아니냐. 원수는 현실을 총체적으로 경험할 수 있지만, 인간은 현재의 순간, 오직 그 순간에만 원수와 유사한 경험을 할 수 있다. 즉 현재의 순간에만 자유와 현실성을 얻는 게야.

그렇기 때문에 원수는 인간이 계속 영원에 관심을 갖거나(이건 곧 원수 자신에게 관심을 갖는다는 뜻이다) 현재에 관심을 갖도록 유도할 게다. 원수와 영원히 하나가 되는 일과 영원히 분리되는 일에 관해 깊이 생각하게 하거나, 그렇지 않을 때는 현재 들리는 양심의 소리에 따르거나 현재 주어진 십자가를 지거나 현재 주어지는 은혜를 받거나 현재의 즐거움에 감사드리게 하려 든단 말이지.

따라서 우리의 임무는 인간을 영원과 현재로부터 떠나게 만드는 것이다. 가끔씩 한 인간(이를테면 과부나 학자)을 유혹해서 과거에 파묻혀 살게 하는 것도 다 이런 관점에서 하는 일이야. 하지만 여기에도 한계는 있지. 이런 치들은 과거에 관한 한 어느 정도는 참된 것을 알고 있는데다가, 과거는 이미 확정되어 있다는 점에서 영원을 닮아 있거든. 그러니 과거보다는 미래 속에 살게 만드는 편이 훨씬 낫다. 인간의 열정은 생물학적 필연성에 따라 앞을 향하고 있는 법이므로, 미래에 대한 생각은 당연히 희망이나 두려움으로 불붙게 되어 있다. 더구나 미래는 미지의 것이 아니냐. 그러니 미래를 생각하게 만든다는 것은 곧 비현실적인 허상을 생각하게 만드는 것이나 다름없다.

한마디로, 미래만큼 영원과 **닮지 않은** 건 없어. 미래는 시간 가운데서도 가장 완벽하게 찰나적인 부분이지. 과거는 꽁꽁 얼어붙어 더 이상 흐를 수 없고, 현재는 영원의 빛으로 찬란하게 빛나고 있으니까. 우리가 창조적 진화니 과학적 인본주의니 공산주의 같은 사상체계에 격려를 아끼지 않은 건 바로 이 때문이다. 이런 사상들은 인간의 애착을 미래에, 그 찰나성의 핵심에 붙들어 놓지.

따라서 거의 모든 악은 미래에 뿌리를 두고 있다. 감사는 과거를 바라보고 사랑은 현재를 바라보지만 두려움과 탐욕과 정욕과 야망은 앞을 바라보지. 혹 정욕은 예외일 거라고 생각지 말거라. 현재에 쾌락을 느끼는 순간, 죄(우리의 유일한 관심사인)는 이미 저질러져 버린 상태가 된다구. 이 과정에서 쾌락을 허용해야 한다는 것은 참으로 안타까운 일로서, 쾌락 없이도 죄를 짓게만 할 수 있다면 얼른 **빼** 버리고 싶은 마음 굴뚝 같다. 이 쾌락은 원수가 제공하는 것이므로 현재에 경험하게 되지. 그러나 우리가 제공하는 죄는 역시 늘 앞을 바라보고 있다.

물론 원수도 인간이 미래를 생각하기 바라지. 다만 내일 실천해야 할 정의나 자비의 행동을 계획하기 위해 **지금** 필요한 만큼만 생각하길 바란다. 내일의 일을 계획하는 것은 **오늘**의 의무니까. 모든 의무가 그렇듯이, 그 재료야 미래에서 빌려오는 것이지만 막상 그것을 실천하는 시점은 현재 아니냐.

이건 좀 시시콜콜히 따져보며 생각할 문제다. 그 작자는 인간이 미래에 신경을 쓰면서 미래에 보물을 쌓아두길 원치 않지. 우리야 물론 그렇게 되길 바라마지 않지만 말이야. 원수의 이상형은 하루종일 후손의 행복을 위해 일한 다음(그 일이 자기 소명이라면), 그 일에 관한 생각을 깨끗이 털고 결과를 하늘에 맡긴 채 그 순간에 필요한 인내와 감사의 마음으로 즉시 복귀하는 인간이다. 하지만 우리한테는 미래에 잔뜩 가위눌려 있는 인간, 이 땅에 금방이라도 천국이나 지옥이 임할지 모른다는 환상에 사로잡힌 인간, 그래서 천국을 얻을 수 있다거나 지옥을 피할 수 있다는 생각을 불어넣기만 하면 지금이라도 당장 원수의 계명을 깨뜨릴 준비가 되어 있는 인간, 자기는 생전에 보지도 못할 계획의 성패 여부에 믿음을 거는 인간이 최고지. 우리가 바라는 건 전인류가 무지개를 잡으려고 끝없이 쫓아가느라 **지금 이 순간에는** 정직하지도, 친절하지도, 행복하지도 못하게 사는 것이며, 인간들이 현재 제공되는 진정한 선물들을 미래의 제단에 몽땅 쌓아 놓고 한갓 땔감으로 다 태워 버리는 것이다.

그러니까 일반적으로 보면, 그리고 다른 조건이 동등하다면, 환자가 현재를 살아가는 것보다야 불안이든 희망이든(둘 중 뭐가 되든 상관없다) 온통 전쟁에 대한 생각으로 꽉 차 있는 편이 훨씬 낫지. 사실 '현재를 산다'는 표현에는 좀 모호한 데가 있어. 불안이 미래와 관련된 것만큼이나, '현재를 산다'는 것 역시 미래와 관련된 과정을 묘사하는 말일 수 있거든. 그러니까 네 환자가 미래에 대해 동요하지 않는 이유는 그가 진짜 현재에 몸담고 있기 때문이 아니라 '미래는 좋을 것'이라고 스스로 설득했기 때문일 수도 있다 이 말씀이야.

정말 이런 이유로 환자가 평온을 찾은 것이라면 우리한테는 이득이다. 잘못된 희망이 산산이 부서질 그날을 위해 더 큰 실망감과 그에 따른 조급함을 쌓아가는 셈이니까. 그런데 반대로 환자가 무서운 일이 닥칠지 모른다는 것을 잘 알고 있으면서도 그것들을 이겨 낼 미덕을 달라고 기도하고 있다면, 그러면서 모든 의무와 모든 은혜와 모든 지식과 모든 쾌락의 유일한 거처인 현재에 몸담고 있다면, 이건 아주 바람직하지 못한 현상이니 즉시 공격을 감행해야 한다.

이런 일을 처리할 때에도 우리의 언어학적 무기가 아주 쓸 만하다. '자기만족'이라는 말을 한번 써 보거라. 물론 그가 지금 '현재를 사는' 이유는 단순히 몸이 건강하고 일이 즐겁기 때문일 수도 있다. 그렇다면 이런 현상은 그저 자연적인 것일 수도 있지. 그래도 마찬가지다. 나라면 더 볼 것 없이 이런 현상을 즉각 분쇄해 버리겠다. 자연적인 현상치고 우리에게 이로울 게 없으니까. 게다가 그 인간이 **행복해야 할** 이유가 대체 뭐가 있단 말이냐?

너를 아끼는 삼촌,
*Screwtape*

## 16

사랑하는 웜우드에게

지난번 편지에, 환자가 회심한 이후 한 교회만 계속 나가고 있는데 전적으로 만족하는 것은 아니라는 말을 무심코 썼더구나. 도대체 네가 뭔 일을 하고 다니는지 물어 봐도 되겠냐? 환자가 자기 교회에 만족하지 못하면서도 충실하게 다니는 이유를 왜 보고하지 않았지? 교회에 무관심해서가 아닌 이상 이건 몹시 불리한 일이라는 걸 알고는 있는 게냐? 교회 출석이라는 이 증세가 나아지지 않을 시에는, 차선책으로 자기한테 '맞는' 교회를 찾아 주변을 헤매다니다가 결국은 교회 감별사 내지 감정사가 되게 해야 한다는 것쯤은 알고 있겠지.

그렇게 해야 할 이유는 분명하다. 첫째, 우리는 언제나 전도구 조직[8]을 공격의 목표로 삼아야 하기 때문이다. 전도구는 취향에 따라 모인 조직이 아니라 같은 장소에 사는 사람들끼리 모인 조직이므로, 계급이 다르고 심리가 다른 인간들이 원수가 원하는 종류의 연합을 이룬다. 반면에 회중적 원리[9]는 각 교회를 일종의 사교클럽으로 변모시키기 때문에, 잘만 하면 하나의 동아리나 파당을 만들어 낼 수 있지.

둘째, 인간들이 자기한테 '맞는' 교회를 찾아다니다 보면 원수의 바람대로 학생이 되는 게 아니라 비평가가 되어 버린다. 원수가 바라는 건, 거짓된 것이나 무익한 것들을 거부한다는 점에서는 진정으로 비판적인 태도를 취하면서도, 판단하지 않는다는 점에서는 — 즉 자신이 거부하는 대상에 관해 생각하느라 시간을 낭비하는 대신, 앞으로 양분이 될 일이라면 무엇이든지 토를 달지 않고 겸손하게 받아들인다는 점에서는 — 전적으로 무비판적인 태도를 취하는 거야(그 작자가 얼마나 비굴하며, 얼마나 영적이지 못하고, 얼마나 구제불능인 속물인지 알겠지!).

특히 이런 태도는 설교자가 아무리 평범한 말을 한다 해도 인간의 영혼을 울릴 수 있는 조건(이건 우리의 정책 전체에 가장 큰 위협이 된다)을 만들어 내지. 인간이 이런 자세로 설교를 듣고 책을 읽는다면 무슨 설교, 무슨 책을 접하든지 위험하지 않을 수 없다.

---

8) 영국 성공회에는 '교구'(diocese)라는 큰 지역 단위 아래 '전도구'(parish)가 있고, 대체로 한 전도구에 한 교회를 세운다.
9) 회중교회는 성공회의 지역적 교구제를 반대하여, 각 지역 교회의 독립, 교회간의 협동적 친교라는 두 가지 원리를 내세웠다.

그러니 제발 분발해서, 이 바보를 최대한 빨리 주변 교회들로 돌려 버리라구. 지금까지 네 보고는 영 만족스럽지가 못하구나.

나도 사무실에서 환자 집 부근에 있는 교회를 두 군데 찾아 보았는데, 두 교회 다 그 나름대로 장점이 있더라. 첫번째 교회 목사는 의심 많고 완고할 것 같은 교인들에게 좀더 쉽게 믿음을 전해 보겠다는 의욕 때문에 오랜 세월 믿음에 물 타는 일에 매진해 온 사람인데, 그러다 보니 요즘은 목사가 교인의 믿음 없음에 충격받는 게 아니라 **외려** 교인들이 목사의 믿음 없음에 충격받는 처지가 되어 버렸지. 이 목사 덕분에 참 여러 영혼이 기독교를 떠났다.

예배를 인도하는 방식도 맘에 들어. 평신도들한테 '어려운' 거라면 무조건 들어내다 보니, 성구집도 지정된 시편도 다 없어져 버리고 이제는 저도 모르는 새에 제 마음에 드는 시편 열다섯 편과 성서일과 스무 개만 다람쥐 쳇바퀴 돌리듯 끝도 없이 반복하게 되었지. 이로써 우리는 목사나 그의 양떼에게 친숙치 않은 진리가 성경을 통해 전달될 위험을 덜었다. 다만 네 환자가 이런 교회를 선택할 만큼 명청하지 않은 게 문제인데, 혹시 앞으로는 명청해질 가능성이 보이는지?

두번째 교회는 스파이크 목사(Fr. Spike)가 담당하고 있다. 그 목사의 견해는 너무나 광범위해서 종종 사람들을 당황스럽게 만들지. 하루는 공산주의자에 가까운 말을 하는가 하면, 다음 날엔 신정주의적 파시즘에서 멀지 않은 말을 해 대니 왜 안 헷갈리겠어. 하루는 스콜라 철학자가 되었다가 다음 날엔 인간 이성을 통째로 부인해 버리기도 하고, 하루는 정치에 푹 빠졌다가 다음 날엔 세상 나라는 **똑같이** '심판'을 면할 길이 없다고 단언하거든. 우리 눈에야 이런 상반된 생각의 연결 고리가 바로 증오심이라는 사실이 훤히 보이지. 스파이크 목사는 부모와 친구들이 놀라고 슬퍼하고 당황스러워하고 수치심을 느끼게끔 잘 계산해 놓은 말이 아닌 한, 설교할 마음이 생기지 않는 인간이다. 그는 자기 부모와 친구들이 수용할 만한 설교란 누구나 읊을 수 있는 맥빠진 시(詩)나 같다고 생각하고 있지.

그 목사한테는 앞날이 창창한 부정직의 낌새도 있다. 우리는 요즘 "최근에 매리튼인가 누군가 하는 사람 책에서 읽은 것 같은데"라고 해야 할 말을 "교회의 가르침은"이라고 말하도록 가르치고 있는 중이야. 하지만 치명적인 결함도 한 가지 있다. 그의 믿음만큼은 진짜라는 것, 바로 이 점이 모든 걸 망칠 수도 있어.

이 두 교회가 공통적으로 가지고 있는 장점은 둘다 분파 교회(party church)라는 점이다. 환자를 교회 밖으로 끌어내지 못하겠으면, 적어도 교회 안에 있는 분파에 열렬하게 매달리게 만들라고 충고한 적이 있었지? 이건 진짜로 교리 문제에 열내게 하라는 뜻이 아니야. 외려 그 점에 있어서는 태도가 미적지근할수록 좋지. 우리가 악의를 만들어 낼 때 주로 의존하는 수단은 교리가 아니니까. '미사'를 **말하는** 인간들과 '성만찬'을 **말하는** 인간들 사이에 증오심을 부추기는 재미는 정말 쏠쏠하단다. 그렇게들 떠들어 대다가도 막상 후커의 교리와 토마스 아퀴나스의 교리가 어떻게 다른지 말해 보라고 하면 채 5분 간도 논리정연한 설명을 못 하거든.

아주 사소한 것들 — 양초라든지 옷 같은 것들 — 이 우리에게는 더없이 훌륭한 활동 근거가 되어 주지. 우리는 바울이라는 해롭기 그지없는 녀석이 음식이나 그 밖의 본질적이지 않은 것들에 관해 가르쳤던 내용, 그러니까 거리낌이 없는 사람은 거리낌을 가지고 있는 사람들에게 항상 양보하라는 내용을 인간들의 마음에서 꽤 많이 제거시키는 데 성공했다.

인간들이 왜 이런 가르침을 적용 못 하는지 전혀 이해가 안 된다구? 네 생각에 '저교회파'[10] 교인은 '고교회파'[11] 형제의 연약한 양심이 행여라도 상처를 받아 불경함으로 나아갈까 봐 제가 먼저 무릎을 꿇고 성호를 그으며 기도하고, 또 '고교회파' 교인은 '저교회파' 형제가 우상숭배에 빠질까 봐 제가 먼저 무릎 꿇고 성호 긋는 행동을 삼갈 것 같으냐? 우리의 부단한 노력이 없었다면 그렇게 될 수도 있었겠지. 만약 우리의 노력이 없었다면 영국 교회 안의 다양한 관습들은 자비와 겸손의 확실한 온상이

---

10) 영국 성공회 3대 교파(고교회파, 저교회파, 광교회파) 가운데 하나로서, 개신교의 영향을 받았다.
11) 성공회 안에서도 가톨릭의 전승을 강조하여 교회의 권위와 예배의식을 중시하는 교파.

되고 말았을 게다.

너를 아끼는 삼촌,

*Screwtape*

# 17

사랑하는 웜우드에게

지난번 편지에서 탐식을 인간의 영혼을 낚는 수단으로 탐탁지 않게 여겼던데, 그건 오로지 네가 무식한 탓이야. 지난 일백 년 간 우리가 이룬 가장 위대한 성과는 바로 이 주제에 관해 인간의 양심을 완전히 마비시켰다는 거라구. 이제는 유럽 전체를 위아래로 아무리 훑어보아도 탐식에 대해 설교한다거나 탐식 때문에 가책을 느끼는 경우를 찾아보기 힘들지. 이게 다, 많이 먹는 데 욕심을 부리기보다는 맛있는 걸 찾아먹는 데 욕심을 부리도록 총력을 집중한 결과다.

환자의 어머니가 그 좋은 본보기라는 건 나는 기록을 찾아보고 알았다만, 너도 글루보즈에게 들어 알고 있으리라 믿는다. 자신이 평생 이런 관능의 노예로 살아왔다는 걸 알면 — 언젠가 그런

날이 오길 바라마지 않는다 — 정말 놀라자빠질걸. 지금은 단지 먹는 양이 적다는 사실 때문에 눈치를 못 채고 있지. 하지만 인간의 위장과 입맛을 이용해서 까탈스럽고 참을성 없고 무자비하고 이기적으로 만들 수만 있다면 양이야 얼마를 먹든 무슨 상관이냐?

글루보즈는 이 노인네를 썩 잘 요리하고 있더구나. 자기를 초대한 여주인들이나 하인들에게 공포 그 자체가 된 걸 보면 말이야. 이 여자는 어떤 요리를 내어놓든 새침하니 살짝 한숨 섞인 미소를 지으며 "어머나, 됐어요, 됐어요…… 제가 원하는 건 홍차 한 잔뿐이에요. 엷게 타 주시면 좋겠는데, 그렇다고 너무 연하게는 말고요. 그리고 정말로 바삭바삭한 토스트를 아주아주 조그만 조각으로 하나 곁들여 주시고요"라고 말하지.

이제 알겠느냐? 이 노인네는 자기가 원하는 게 이미 차려진 음식들보다 양도 적고 값도 싸다는 이유 때문에, 다른 사람을 번거롭게 하면서까지 원하는 걸 먹으려는 결심이야말로 탐식이라는 사실을 전혀 알아채지 못하고 있다. 그래서 제 입맛을 만족시키고 있는 그 순간에도 스스로 절제를 실천하고 있다고 굳게 믿는다구. 이 노인네는 손님들이 북적거리는 식당에 가서도 과로에 지친 여종업원이 날라다 준 접시를 보자마자 짤막한 비명을 지른단다. "어머나, 이건 많아도 너무 많군요! 도로 가져가서 반의 반만 담아다 주세요!" 혹시 누가 한마디라도 하면 쓸데없는 음식낭비를 막느라 그런다고 대꾸하겠지. 사실은 우리가 노인네한테 옭

아매 놓은 특별한 미식 취향이 어쩌다 원하는 양보다 많이 담긴 음식 때문에 거슬린 탓인데도 말이야.

글루보즈가 수년 간 눈에 띄지 않게 은밀히 진행해 온 공작의 진정한 가치는, 이 노인네가 뱃속을 어떻게 채우느냐에 따라 생활 전체가 좌지우지된다는 데 있다. 노인네는 지금 '그저 내가 원하는 건'이라고 명명해도 좋을 법한 심리상태에 있지. 그저 그 노인네가 원하는 건 잘 우려낸 홍차 한 잔, 제대로 익힌 달걀 하나, 또는 적절하게 구운 빵 한 조각이다. 그런데 문제는 이렇게 간단한 음식을 '제대로' 해내는 하인이나 친구가 하나도 없다고 생각하는 거야. 그 '제대로'라는 주문 뒤에는 자기가 옛날에 느껴 봤다고 생각하는 그 입맛, 재현이 거의 불가능한 그 입맛을 채우려는 물릴 줄 모르는 욕구가 숨어 있다. 노인네는 그 옛날을 "좋은 하인들을 구할 수 있었던 시절"이라고 묘사하지만, 우리가 보기엔 '감각이 지금처럼 까다롭지 않았고 다른 것에서 얻는 쾌락들도 많아서 식탁의 쾌락에 이 정도까지 매달리지 않았던 시절'이라는 말이 더 정확하지.

이렇게 날마다 실망하다 보면 짜증도 날마다 느끼는 법이다. 요리사들은 채용하는 족족 그만두었고 우정은 싸늘하게 식어 버렸지. 글루보즈는 원수가 노인네힌데 '먹는 데 너무 관심이 많지 않느냐'는 의심을 희미하게라도 넣어 줄 때마다 "난 뭘 먹어도 상관없지만 아들에게는 맛난 음식을 먹이고 싶어"라는 논리로 응수

하고 있다. 물론 실제로는 이 노인네의 탐욕이야말로 최근 몇 년간 집안에 끊임없이 불화를 일으킨 주된 이유 가운데 하나였지.

환자는 바로 이 엄마의 아들이다. 다른 전선에서도 물론 최선을 다해 똑바로 일해야겠지만, 탐식이라는 영역에 간간이 침투하는 것도 게을리하지는 말아라. 환자는 남자다 보니 '그저 내가 원하는 건'이라는 위장술에 걸려들 가능성이 별로 없다. 하지만 남자들의 경우에는 허영심의 도움을 받아 탐식가로 만드는 길이 있지. 스스로 음식에 관한 한 일가견이 있다고 믿게 하고, 스테이크를 '제대로' 만드는 유일한 식당을 발견했다고 으스대게 만들거라. 처음엔 허영심으로 시작했다 해도 결국에는 습관으로 굳어지는 법이다. 어떻게 접근하든지 간에 중요한 점은, 제가 좋아하는 어떤 것 — 샴페인이든 홍차든 생선요리든 담배든 아무거나 — 이 주어지지 않았을 때 '짜증을 부리게' 해야 한다는 거야. 그러면 그의 자비도, 정의도, 순종도 모조리 네 손 안에 들어올 게다.

단순한 과식은 미식보다야 하수(下手)에 해당하지. 과식의 주된 용도는 순결을 공격할 대포를 준비하는 거야. 다른 것과 마찬가지로 순결을 다룰 때도 환자를 거짓된 영성에 잡아 두어야 한다. 의학적인 측면에는 눈도 돌리지 못하게 하거라. 지난 24시간 동안 무엇을 먹고 마셨는지만 살펴봐도 네 탄약의 출처를 알 수 있고 약간의 절제만으로도 네 통신망들을 교란할 수 있음에도 불구하고, 그저 자기가 어떤 점에서 자만하고 믿음이 부족했길래 악마의 손에 걸려들게 되었을까만 생각하게 하라구.

그리고 그가 **굳이** 순결의 의학적 측면을 생각하려 들거든, 우리가 영국인들에게 심어 준 엄청난 거짓말을 주입해 보거라. 몸을 과도하게 움직여서 피곤하게 만드는 것이야말로 순결의 미덕을 지키는 데 특효라는 거짓말 말이야. 선원들과 군인들의 악명 높은 방탕함을 **뻔히** 보면서도 이런 거짓말을 믿겠느냐고? 우리가 남자 선생들을 이용해서 만들어 낸 그럴싸한 이야기가 있잖느냐. 그치들은 순결을 핑계로 운동경기를 즐기기 위해, 운동경기야말로 순결한 생활을 지키는 데 그만이라고 주장하지. 그러나 이건 편지 말미에 대충 다루기에는 너무 거창한 주제구나.

너를 아끼는 삼촌,

*Screwtape*

# 18

사랑하는 웜우드에게

아무리 슬럽갑이 학장으로 있던 시절에 학교를 다녔더라도 성적 유혹의 일상적인 기술 정도야 배웠겠지. 우리 같은 영들한테는 무척이나 따분한 주제이니만큼(필수적인 훈련과정이긴 하다만), 나는 건너뛰기로 하마. 그러나 이와 관련된 좀더 포괄적인 문제들에 대해서는 배워 두어야 할 내용이 상당히 있다.

원수의 요구는 딜레마의 형태를 취하고 있어. 철저히 금욕하든지 타협의 여지 없는 일부일처제를 택하든지 **둘 중 하나**를 고르라는 거지. 우리 아버지께서 첫번째 대승을 거두신 이래, 우리는 철저한 금욕을 아주 어려운 일로 만들어 놓았다. 그리고 혹시라도 일부일처제로 탈출해 나가지 못하도록 지난 몇 세기에 걸쳐 여러 통로들을 차단해 버렸지. 우리는 시인과 소설가들을 동원하여, 인간들이 '사랑에 빠졌다'고 말하는 별나고도 대체로 오래 가지 못하는 경험만이 유일하게 믿을 만한 결혼의 근거라고 설득해 놓았다. 결혼한 후에도 이런 흥분 상태가 영원히 지속될 수 있고 지속되어야만 한다고, 그렇지 못한 결혼생활은 더 이상 계속할 필요가 없다고 속삭였지. 이건 원수의 생각을 패러디[12]한 거란다.

지옥의 전체 철학은 '하나의 사물은 다른 사물과 별개'라는, 특히 '하나의 자아는 다른 자아와 별개'라는 원칙을 인식하는 데 있다. 즉 나한테 좋은 건 나한테 좋은 거고, 너한테 좋은 건 너한테 좋은 거지. 누군가 얻은 게 있으면 다른 누군가는 잃은 게 있는 법이다. 심지어 무생물도 다른 사물들을 공간에서 밀어내고 그 자리를 차지함으로써 존재한다. 그러니까 자기가 확장되려면 다른 사물을 밀어내거나 흡수해야만 하지. 자아가 확장될 때도 마찬가지야. 짐승한테 흡수란 잡아먹는 것이고, 우리한테 흡수란 강한 자아가 약한 자아의 의지와 자유를 빨아들이는 것이다. '존재한다'는 것은 곧 '경쟁한다'는 뜻이야.

원수의 철학은 이렇게 명백한 진리를 계속해서 회피하려는 시도, 그 이상도 그 이하도 아니다. 그는 모순되는 걸 목표로 삼고 있지. 그가 볼 때 만물은 여러 개인 동시에 어쨌든 하나라구. 한

---

12) Parody. 유명한 시구나 문체 등을 모방하여 익살과 풍자의 효과를 얻는 문학적 기법.

자아한테 좋은 것은 다른 자아한테도 좋은 것이고. 그는 이 불가능한 일을 **사랑**이라고 부르는데, 이 천편일률적인 만병통치약은 그 작자가 하는 모든 일뿐 아니라 심지어 그 작자의 모든 성품 — 저 자신의 주장에 따른 성품이라고 할 수도 있겠지 — 에서도 감지해 낼 수가 있다.

원수 자신도 순수한 수학적 단일 개체가 되는 데 만족을 못 하고 자기가 하나인 동시에 셋이라고 주장하는데, 그 속셈은 이 사랑이니 뭐니 하는 터무니없는 말의 근거를 바로 자기의 본질에서 찾으려는 데 있다. 원수는 또 유기체라는 걸 물질계에 만들어 냈지. 유기체란 각 요소들이 서로 경쟁하게 되어 있는 자연의 숙명을 거슬러 서로 협력하게 되어 있는 음란한 발명품이야.

원수가 성을 인간 번식의 수단으로 채택한 진짜 동기는, 그가 성을 어떻게 사용하는가만 보아도 훤히 알 수 있다. 성은 우리한테 아주 무해한 것이 될 수도 있었어. 신부가 신랑을 잡아먹음으로써 결혼식을 끝내는 거미들처럼, 단순히 강한 자아가 약한 자아를 먹이로 삼는 또 하나의 방식일 수 있었다구. 그런데 유독 인간들의 경우에만 성적 욕망을 느끼는 양자 사이에 쓸데없이 애정을 끼워 넣을 게 뭐냐.

뿐만 아니라 원수는 자식은 부모에게 의존하게 하고 부모에겐 자식을 부양하려는 욕구를 줌으로써, '가족'이라는 유기체 비슷한 걸 만들어 냈다. 아니, 사실은 유기체보다 더 해롭지. 가족 한 사람 한 사람은 유기체보다 더 독자적이면서도 더 뚜렷한 의식을 가지고 있는데다가 더 책임감 있게 연합하니까. 실제로 이 모든 것은 어떻게든 인간을 사랑 안에 끌어들이려는 또 하나의 방책에 불과하다.

웃기는 건 이제부터야. 원수는 결혼한 부부를 '한몸'이라고 불렀지. 그 작자는 '행복하게 결혼한 부부'라든가 '사랑에 빠져 결혼한 부부'라는 말을 단 한 번도 쓴 적이 없지만, 우리는 인간이 이 점을 알아채지 못하도록 잘 숨겨 놓을 수 있다. 바울이란 인간이 '한몸'이라는 말을 **결혼한** 부부한테만 한정해 쓴 게 아니라는 점도 잊어먹게 할 수 있지. 그의 관점에 따르면 단순한 교접도 '한몸'을 만들어 낸다. 그러니까 '한몸'이란 사실 성교의 진짜 의미를 알기 쉽게 표현한 말인 게야. 하지만 우리는 인간들이 '한몸'이라는 걸 '사랑에 빠지는 일'에 대한 수사학적 찬사로 받아들이게 할 수 있다.

실상을 알려 줄까. 한 남자가 한 여자와 잠자리를 같이 하게 되면 싫든 좋든 두 사람 사이에는 초월적인 관계가 성립된다. 인간은 그 관계를 영원히 즐기든지, 영원히 참아 내든지 둘 중 하나를 택해야 해. 이 초월적 관계는 애정과 가정(家庭)을 만들어 내게 되어 있고, 인간이 순종하며 그 관계 속으로 들어갈 때에는 실제로 이런 결과를 얻는 경우가 아주 많이 있지. 우리는 이 참 명제로부터, '인간들이 "사랑에 빠졌다"고 부르는 애정과 두려움과 욕망의 합성물이야말로 결혼생활을 행복하거나 거룩하게 해 줄 수 있는 유일한 근거'라는 거짓 명제를 끌어 낼 수 있다.

이런 오류를 조작해 내는 건 쉬운 일이야. 서유럽에서는 원수가 의도한 바 정절과 생식력과 선의를 두루 갖춘 결혼을 하기에 앞서 '사랑에 빠지는' 일이 빈번하게 일어나고 있지. 늘 그런 건 아니지만, 회심하기 전에 종교적인 감정을 먼저 느끼는 일이 잦은 것과 같은 현상이다. 바꿔 말하면 원수가 결혼의 결과로 약속한 것들을 고도로 채색하고 왜곡해서, 그것이야말로 결혼의 근거인 것처럼 인간들을 부추기라는 게야.

여기에는 두 가지 이점이 있다. 첫째, 성욕을 절제할 은사가 없는 인간인데도 자기가 사랑에 빠지지 않았다는 이유 때문에 결혼을 해결책으로 선택하지 못하게 할 수 있지. 우리의 공작 덕분에 인간들은 '사랑에 빠지는' 것 이외의 동기로 결혼한다는 걸 그야말로 저열하고 냉소적인 행동으로 생각하게 되었다. 정말이야, 정말 그렇게 생각한다니까. 서로 돕고 순결을 지키며 후손에게 생명을 물려주기 위해 배우자에게 충실하겠다는 다짐을, 폭풍처럼 몰아치는 감정보다 훨씬 더 저급한 걸로 여긴다구(환자가 결혼예배를 몹시 불쾌하게 여기도록 손쓰는 일도 잊지는 않았겠지?).

둘째, 실제로는 성적인 매력에 홀린 것뿐인데도 상대방과 결혼하고 싶은 마음이 있다는 이유만으로 무조건 '사랑한다'고 믿어 버리게 할 수 있다. 남자들은 '사랑했다'는 걸 핑계 삼아 자기가 저지른 죄과에서 벗어나려 들 뿐 아니라 배우자가 이교도이든 바보천치든 바람둥이든 자기는 사랑해서 결혼한 것이므로 그 결과에는 책임이 없다고 생각할 게야. 이 문제에 대해서는 다음번 편지에서 좀더 자세히 이야기하도록 하마.

너를 아끼는 삼촌,

*Screwtape*

## 19

사랑하는 웜우드에게

지난번 편지에서 네가 던진 질문을 곰곰이 생각해 보았다. 내가 명확히 말한 것처럼 모든 자아가 천성적으로 경쟁적이며 따라서 사랑에 대한 원수의 생각이 분명 모순된 것이라면, 원수가 인간 버러지들을 진심으로 사랑하며 그것들의 자유와 지속적인 존재를 갈망한다는 사실을 왜 그리 되풀이해서 경고하느냐, 이 말이지? 애야, 설마 내 편지들을 누구한테 보여 주진 않았겠지. 물론 크게 문제될 건 없다만. 누구나 알겠지만, 내가 잠시 이단에 빠진 듯한 모습을 보인 건 순전히 우발적인 것이었단다.

그건 그렇고, 슬럽갑에 대해 얼핏 듣기에 칭찬이라고 할 수 없는 말을 몇 마디 했다만 순전히 농담이었다는 점을 이해해 주었으면 좋겠구나. 사실 나는 그분을 깊이 존경하고 있단다. 물론 당국에서 질책이 있을 시 널 보호해 줄 생각이 없다는 말도 진심은 아니었지. 네 뒤는 내가 잘 봐줄 테니 나만 믿거라. 그 대신 허튼소리 말고 입 단속 잘해야 한다.

사실 원수가 인간을 진심으로 사랑한다고 한 건 단순한 부주의로 헛나간 말이었다. 그거야 말도 안 되는 헛소리고말고. 원수도 하나의 존재이고 인간은 그와 별개로 존재하는데, 인간에게 좋은 게 원수한테도 좋을 리가 있겠느냐. 사랑에 관해 그 작자가 한 말들은 무언가를 감추려는 위장술이 분명하다. 인간을 창조해 놓고 그렇게나 수고스럽게 애쓰는 데에는 무언가 숨겨진 **진짜** 동기가 있는 게야. 그 작자가 이렇게 있을 수 없는 사랑을 합네 하고 떠들게 된 건 우리가 그의 진짜 동기를 찾아내지 못했기 때문이지.

대체 원수는 인간들에게서 무얼 얻으려는 심산일까? 정말 알 수 없는 노릇이다. 주로 이 문제 때문에 우리 아버지께서 원수와 다투셨다는 건 말해 줘도 해가 되지 않겠지. 인간의 창조가 처음 논의되던 초기 단계부터 이미 원수는 십자가를 둘러싼 일련의 사건들이 일어나리라는 사실을 거리낌없이 밝혔고, 우리 아버지께서는 당연히 원수에게 면담을 신청해서 해명을 요구하셨다. 원수는 그 때부터 지금까지 자기가 퍼뜨리고 있는 그 사심 없는 사랑인지 뭔지에 대한 황당무계한 이야기 말고는 다른 대꾸를 하지 않았지. 당연히 우리 아버지께서는 이런 반응을 받아들이실 수 없었다. 그래서 원수한테 그가 가지고 있는 카드를 보여 달라고 애원하면서, 대답할 수 있는 충분한 기회를 제공하셨지.

그런데 그 비밀을 정말 알고자 하는 간절한 열망을 인정하신 아버지한테 원수는 "너한테 정말 그런 마음이 있었으면 좋겠구나" 하고 말하더란다. 생각건대, 면담이 이 지경에 이르면서 원수의 이유 없는 불신에 정나미가 떨어진 아버지께서는 원수 앞을 떠나 무한히 먼 곳으로 갑작스레 자리를 옮기신 것 같다. 워낙 갑자기 일어난 일이어서인지 원수가 아버지를 강제로 하늘에서 쫓아냈다는 웃기는 얘기가 이 때 생겨났다.

그 후로 우리는 그 압제자가 그토록 비밀을 유지한 이유를 눈치채기 시작했지. 그 이유란 원수가 차지하고 있는 보좌의 안녕이 바로 이 비밀에 달려 있다는 것이다. 원수 도당들이 자주 인정하듯이, 우리 악마들이 사랑의 의미를 이해하게 되는 날, 전쟁은 끝이 나고 우리는 천국에 재입성할 수 있어. 이것이 우리가 이루어 내야 할 대과업이지. 알다시피 그 작자는 인간을 진정으로 사랑할 수 없다. 그렇게 할 수 있는 존재는 아무도 없어. 사랑한다니, 말도 안 되는 소리고말고. 우리가 그 작자의 **진짜** 속셈을 알 수만 있다면!

수많은 가설들을 하나하나 검토해 보았지만, 그 속셈만은 여전히 모르겠단 말이야. 하지만 희망을 잃어서는 안 되지. 이론들을 더 정교하게 다듬고, 정보를 더 풍부하게 수집하며, 발전을 보이는 연구자들에게는 더 풍성하게 보상하는 반면 실패하는 자들에게는 더 혹독한 처벌을 내리는 이 모든 일들을 끝까지 수행하는 가운데 박차를 가한다면 성공하지 못할 리가 없다.

지난번에 내가 **사랑에 빠진다**는 것이 인간들에게 바람직한 현상인지 아닌지 분명하게 쓰지 않았다고 불평했더구나. 웜우드, 그건 **인간들이나** 할 질문이야! '사랑'이나 애국심, 독신생활, 제단에 놓는 촛불, 절대 금주, 교육 따위가 '좋으냐' '나쁘냐'는 인간들이나 실컷 토론하게 내버려 두거라. 그런 질문에는 해답이 없다는 걸 척 보면 모르겠느냐? 중요한 건 주어진 상황의 심리 경향이 특정한 순간에 특정한 환자를 원수에게로 더 가까이 몰고 가느냐, 우리에게로 더 가까이 몰고 오느냐 하는 것뿐이다.

그러니까 '사랑'이 '좋으냐' '나쁘냐'는 환자 스스로 정하게 두는 편이 낫다. 만약 환자가 교만한 인간이어서 육체를 경멸하고 있고, 사실은 제 몸이 허약하기 때문에 육체를 경멸하는 것이면서도 제가 순수한 탓이라고 착각하고 있다면 ─ 더군다나 그가 대부분의 동료들이 인정하는 걸 하찮게 여기는 데서 즐거움을 얻는 인간이라면 ─ 무슨 수를 써서라도 사랑은 나쁜 것이라고 생각하게 하거라. 그에게 콧대 높은 금욕주의를 주입하고, 그의 관능에서 인간적인 요소를 모두 걸러 낸 뒤에 훨씬 더 무지막지하고 냉소적인 형태의 관능으로 그를 내리누르라ᆞ.

반대로 환자가 감정적이고 잘 속아 넘어가는 인간이라면 구식 삼류 소설가들과 시시한 시인들의 작품을 먹여서, '사랑'이란 저항할 수 없는 것이며 그 자체만으로도 가치 있는 것이라고 믿게 만들어야 한다. 이런 믿음이 어쩌다가 부정을 저지르게 하는 데에는 큰 도움이 못 된다는 건 나도 인정한다만, '고상하고' 낭만적이고 비극적인 간통 관계를 질질 끌고 가게 하다가 잘해서 살인이나 자살로 끝마치게 만들기에는 더할 나위 없이 뛰어난 처방이다. 혹 살인이나 자살까지는 못 간다 해도 쓸모 있는 결혼생활로 몰아가기에는 충분하지. 결혼은 원수의 발명품이긴 하지만 정말 그런 대로 쓸모가 있다니까. 환자를 설득해서 일단 결혼만 성사시키고 나면, 그 후에 그의 신앙생활을 극도로 어렵게 만들어 줄 아가씨들이 주변에 몇 명 있을 게다. 다음 편지에는 이 부분에 대해 보고해 주기 바란다.

너는 그 사이에 **사랑에 빠진다**는 상태 자체는 우리에게나 저쪽에게나 반드시 유리할 게 없다는 사실을 분명히 숙지해 놓거라. 이 상태는 우리나 원수나 어떻게 하면 잘 써먹어 볼까 노리는 기회에 불과하다. 건강과 질병, 늙음과 젊음, 전쟁과 평화처럼 인간들이 흥분하는 주제들이 대개 그렇듯이, 사랑에 빠진다는 것 역시 영적인 삶이라는 관점에서 볼 때는 가공되지 않은 원료일 뿐이라구.

너를 아끼는 삼촌,

*Screwtape*

## 20

사랑하는 웜우드에게

잠깐이긴 하지만, 어쨌든 환자의 순결을 직접 공격하지 못하도록 원수가 강제로 저지했다는 점을 아주 불쾌한 마음으로 주시하고 있다. 원수가 결국에는 으레 이런 짓을 한다는 것쯤은 미리 알고, 그 단계에 이르기 전에 공격을 멈췄어야지.

상황이 이 지경이 되면서 환자는 이런 공격들이 영원히 계속되는 건 아니라는 위험한 진리를 깨달아 버렸고, 그 결과 너는 최상의 무기를 사용할 수 없게 되었다. 굴복하는 것 외에는 우리에게서 벗어날 길이 없다고 믿는 무식한 인간들의 믿음을 다시는 못 쓰게 되었다 이 말이야. 순결을 지키는 게 건강에 좋지 않다는 설득도 물론 해 봤겠지?

환자 주변에 어떤 아가씨들이 있는가에 관한 보고도 아직 없구

나. 지금 당장 보고서를 보내도록. 부정을 저지르는 데 관능을 써 먹을 수 없게 되었다면, 바람직한 결혼을 하도록 부추기는 쪽으로라도 써먹어야지. 환자가 '사랑에 빠지는' 게 그나마 최선의 방책인 것 같으니, 막간을 이용해 일단 놈이 사랑에 빠지도록 부추길 만한 여자의 유형 — 그러니까 육체적 유형 — 에 대해 몇 가지 힌트를 주는 게 좋을 듯하구나.

물론 이 문제는 지옥의 위계[13]상 너나 나보다 까마득하게 아래 쪽에 계시는 영들이 임시방편으로 거칠게나마 일단락지었다고 할 수 있다. 어느 시대에나 이른바 성적 '취향'을 총체적으로 오도했던 것은 바로 이 위대한 거장들의 업적으로서, 이 업적은 유행을 주도하는 대중 예술가나 의류업자, 배우, 광고업자 등의 소수 패거리를 통해 이루어졌지. 이런 공작의 목적은 배우자를 영적으로 도와 주는 가운데 행복하고도 풍성한 결혼생활을 이루어 갈 가능성이 가장 높은 신부감이나 신랑감으로부터 남자와 여자를 멀어지게 하는 데 있다.

이렇게 우리가 수세기에 걸쳐 자연스러운 것들을 짓밟아 놓은 탓에, 이제는 거의 대부분의 여성이 남성의 부차적 특징(턱수염 같은)에 불쾌감을 느끼는 지경이 되었다. 여기에는 네가 생각하는 것보다 훨씬 더 중요한 문제가 걸려 있어. 남성들의 취향에 관해

---

13) Lowerarchy. 천사의 계급을 나타내는 'Hierarchy'를 뒤집은 말장난. 지옥의 위계는 낮을수록 더 높다.

서는 아주 다양한 변화를 만들어 냈지. 한때는 조각 같고 귀족적인 여성상에 심취하게 함으로써, 남자의 허영과 욕망을 뒤섞어 가장 교만하고 방탕한 여자들을 통해 인류의 씨를 퍼뜨렸다. 또 어떤 때에는 지나치게 여성적인 유형, 나약하고 핼쑥한 유형을 선택해서 어리석고 비겁하며 따라서 일반적으로 거짓되고 속좁은 여자가 인기를 누리게 만들기도 했다.

현재는 정반대의 방침을 택하고 있지. 바야흐로 왈츠의 시대는 가고 재즈의 시대가 왔기 때문에, 이제는 신체만 보아서는 남자인지 여자인지 모를 여자들을 좋아하도록 교육하고 있다. 이건 그야말로 순식간에 사라지고 마는 아름다움인지라, 늙기를 두려워하는 여자의 고질적 공포를 배가시키고(우리는 이 점에서 훌륭한 성과를 많이 얻었다) 임신을 점점 더 꺼리게 만들며 실제로 임신할 수 있는 능력 또한 점점 감퇴시키는 데 그만이야.

그뿐만이 아니다. 우리가 외견상의 누드(진짜 있는 그대로의 누드 말고) 표현에 관한 사회의 허용 기준을 대폭 상향 조정한 덕분에, 이젠 그런 예술 작품들이 버젓이 무대에 오르거나 해수욕장에서 전시되곤 하지. 물론 그건 다 가짜야. 대중예술에 등장하는 인물들은 있는 그대로의 모습과 다르게 그려지거든. 설사 수영복을 입거나 타이즈를 신은 진짜 여자들이 등장했다 해도 사실은 자연이 성숙한 여인에게 허락하는 몸매보다 훨씬 더 단단하고 더 날씬하며 더 소년처럼 보이기 위해 잔뜩 졸라 매고 받쳐 놓은 모습에 불과하다구.

현대 세계는 이런 모습이야말로 '꾸밈없고' '건강한' 것이며, 자연으로 돌아가는 것이라고 믿도록 교육받고 있다. 결국 우리는 실제로는 존재하지도 않는 대상을 점점 더 갈망하도록 남자들을 지도하고 있는 셈이야. 관능에서 눈이 차지하는 역할을 점점 더 확장시키는 동시에, 그 눈의 갈망이 성취될 가능성은 점점 더 축소시키는 거지. 그 결과가 어떻게 될는지는 능히 짐작할 수 있겠지!

현재로서는 이것이 우리의 일반적 전략이다. 이 전체 틀 안에서 네 환자의 욕망을 부추길 만한 방향을 한두 가지 정도 찾아 보거라. 어떤 남자든 그 마음속을 찬찬히 들여다보면 적어도 두 종류의 여자를 상상하고 있다. 하나는 지상의 비너스고 다른 하나는 지옥의 비너스인데, 대상이 누구냐에 따라 남자의 욕망도 질적으로 달라지지.

지상의 비너스를 향한 욕망은 원수가 흔쾌히 받아들이는 것으로서, 언제라도 사랑과 뒤범벅될 준비가 되어 있고, 고분고분 결혼할 준비가 되어 있으며, 끔찍한 상호존경과 자연스러움으로 온통 황금빛이 나는 욕망이다. 그런데 남자들이 동물적으로 갈망하는 유형, 동물적으로 갈망하고 싶어하는 유형이 또 있단다. 이건 결혼할 생각을 싹 없애 버리는 데 써먹기 제일 좋은 유형이지만, 혹 결혼을 한다 해도 남자가 그 여자를 노예나 우상이나 공범자

취급을 하게 될 테니 그 편도 그런 대로 괜찮지.

첫번째 유형을 향한 사랑에도 원수가 악이라고 부를 만한 요소가 끼어들 수 있지만, 그건 우발적인 일에 불과하다. 어떤 여자가 다른 사람의 아내가 아니길 바란다거나 그 여자를 합법적으로 사랑할 수 없다는 걸 아쉬워하는 정도일 테니까. 하지만 두번째 유형의 경우, 남자는 악의 느낌 그 자체를 추구한다. 남자가 원하는 건 바로 그 '짜릿한' 맛이라구. 남자는 여자를 볼 때 동물성이나 심술, 간교함, 잔인함이 완연히 드러나는 얼굴을 좋아하고, 일반적으로 아름답다고 할 만한 모습과 동떨어진 육체, 제정신으로 보면 오히려 추하다고 해야 할 육체를 좋아한다. 우리가 기교만 좀 부릴 수 있다면, 그런 것들이야말로 남자들의 은밀한 강박증세의 중추를 건드리기 좋은 재료지.

지옥의 비너스는 확실히 창녀나 정부로 사용하기에 적격인 유형이다만, 네 환자가 그리스도인일 뿐 아니라 '사랑은 무슨 짓을 해도 용서가 되는 불가항력'이라는 헛소리에 잘 훈련되어 있는 인간이라면 이런 여자와 결혼까지 가도록 유인해 볼 만하다. 정말이지 이건 시도해 볼 만한 일이야. 간음을 하거나 창녀를 찾아가게 만드는 데에는 실패하더라도, 그 밖의 다른 방법, 좀더 간접적인 방법으로 남자의 관능을 사용함으로써 파멸로 이끌어 갈 수 있으니까. 여담이다만, 이런 방법은 효율적일 뿐 아니라 즐겁기까지 하단다. 이렇게 생긴 불행은 무척 오래 가는데다가 절묘하기 짝이 없거든.

너를 아끼는 삼촌,

*Screwtape*

# 21

사랑하는 웜우드에게

그럼, 성적 유혹의 기간이야말로 환자의 짜증을 건드리는 일종의 부수적인 공격을 감행하기에 좋은 기회고말고. 환자가 짜증을 부수적인 유혹으로 믿는 한, 오히려 여기에 더 주안점을 두어도 좋다. 하지만 만사가 그렇듯이 이 경우에도 환자의 지성을 어둡게 함으로써 도덕적 침공의 길을 준비해야지.

인간들은 단순히 불행이 닥쳤다고 분노하는 게 아니라, 그 불행이 권리의 침해로 느껴질 때 분노한다. 이렇게 권리를 침해당했다는 의식은 자기의 정당한 요구가 거절당했다는 느낌에서 나오는 거야. 따라서 네 환자가 삶에 더 많은 것을 요구하도록 유도하면 할수록 그런 의식을 갖게 되는 횟수가 늘어날 테고, 결국에는 성질도 나빠질 게다.

이제 너도 알아챘겠지만, 제 마음대로 쓸 수 있으리라고 기대했던 시간을 느닷없이 빼앗겨 버리는 것만큼 화내기 쉬운 상황은 없다. 뜻하지 않은 손님이 왔다거나(한적한 저녁시간을 보내길 고대했는데), 친구의 아내가 마구 수다를 떤다거나(친구와 **둘이서만** 이야기하고 싶었는데) 하는 작은 일들이 환자의 절제심을 무너뜨리지. **이 일 자체만 놓고 본다면야** 네 환자도 이런 사소한 결례를 참지 못할 만큼 무자비하거나 나태한 인간은 아니다. 그런데도 그가 화를 내는 이유는 자기 시간은 그야말로 자기 것인데 도둑맞아 버렸다고 생각하기 때문이야.

그러니 너는 열심을 다해 '내 시간은 나의 것'이라는 그 기묘한 전제가 환자의 마음에서 빠져 나오지 못하도록 꼭 틀어막아야 한다. 마치 자신이 하루 24시간의 합법적인 소유자로서 매일의 삶을 시작하는 것처럼 느끼게 하라구. 직장에서 일하는 시간은 자기 재산에서 억지로 떼어 주어야 하는 부담스런 세금으로 여기게 하고, 종교적 의무들에 할애하는 시간은 너그러운 기부금으로 여기게 하거라. 단, 이런 차액들을 제하기 전의 전체 시간은 '어떤 불가해한 의미에서 내가 타고난 개인적 권리'라는 믿음에는 의문을 제기하지 못하게 해야 한다.

이건 까다로운 작업이야. 환자에게 계속 믿음을 주어야 할 이 전제가 하도 엉터리 같다 보니, 한번 의문이 터져 나오기 시작하면 쥐꼬리만큼도 변호할 여지가 없거든. 인간은 시간 중에서 단한 순간도 만들어 내거나 붙들어 둘 수 없다. 시간이란 순전히 선물로 주어진 것이지. 시간이 저희들 것이라면 해나 달도 저희들 소지품이게?

이론상으로 환자는 원수를 전적으로 섬기는 일에 헌신하기로 했기 때문에, 만약 원수가 육신의 모습으로 나타나 하루만이라도 전적으로 섬기기를 요구한다면 거절하지 못할 게다. 그런데 그 하루의 섬김이라는 게 기껏해야 어리석은 여자의 얘기를 들어 주는 정도의 일이라면 퍽으나 안심하겠지. 더구나 원수가 그 날 30분을 내주면서 "이제 나가서 즐겁게 지내라"고까지 한다면 마음이 놓이다 못해 실망감마저 들 게야. 환자가 시간에 관한 자신의 전제에 대해 1분만이라도 생각이라는 걸 한다면, 사실은 자기가 하루뿐 아니라 날마다 이처럼 원수의 시간을 그의 뜻에 따라 써야 할 처지라는 걸 깨닫지 못할 리 없다.

따라서 이 전제를 환자의 마음 속에 꼭꼭 챙겨 두라는 말인즉슨, 이 전제를 변호할 논리를 제공하는 짓만큼은 끝까지 삼가란 뜻이다. 사실 그런 논리란 존재하지 않지. 그러니 너는 순전히 부정적인 일만 하면 되는 거야. 즉 이 전제에 대해서라면 아예 생각조차 못 하게 하라구. 이 전제를 어둠으로 잘 감싼 후, 그 어둠의 중심에서 '나는 시간의 주인'이라는 인식이 검토의 눈을 피해 조용히 작동하게 하거라.

일반적으로 '내가 주인'이라는 생각은 어떤 경우에도 부추길 만한 가치가 있지. 인간들은 노상 제가 주인이라고 주장하는데, 천국에서 듣든 지옥에서 듣든 우습기 짝이 없는 소리다. 인간이 그런 우스운 소릴 계속 떠들게 하는 게 우리 일이야. 현대세계가 순결에 그렇게나 반발하는 것도 '내 몸은 내 것'이라고 믿는 탓이다. 육체라는 광막하고 위험천만한 땅, 세상을 만들어 낸 에너지가 고동치는 그 땅에 자신들의 동의로 거하게 된 것도 아닐뿐더러, '다른 이'의 뜻에 따라 그 땅에서 물러나야 하는 주제에들 말이지! 이런 인간의 착각은, 어떤 왕이 아들을 사랑해서 거대한 영토의 명의를 준 후 실제 통치는 현명한 조언자들에게 맡겼는데, 막상 그 아들은 놀이방 바닥에 널린 집짓기 장난감들처럼 그 모든 도시와 숲과 곡식도 진짜 제 것인 양 착각하는 것이나 진배없다.

'내가 주인'이라는 생각을 불어넣는 데에는 교만 말고도 혼동을 이용할 수 있다. 즉 인간들이 소유격의 다양한 의미를 구별하지 못하도록 교육하는 거지. '내 장화'로부터 시작해서 '내 개', '내 하인', '내 아내', '내 아버지', '내 상관', '내 나라'를 거쳐 '내 하나님'에 이르기까지 섬세하게 달라지는 그 의미의 차이를 보지 못하게 하라는 거야. 인간들을 잘만 가르치면 이런 의미들을 모조리 '내 장화'와 같은 뜻, 즉 소유를 나타내는 '내'로 국한시킬 수 있다. 놀이방에서 노는 아이가 '내 곰인형'이라고 할 때도 '나와 특별한 관계를 맺고 있는 오랜 애정의 대상'이라는 뜻

(조금만 방심하면 원수가 이런 뜻으로 사용하도록 가르칠 게다)이 아니라 '마음만 내키면 언제든지 찢어 버려도 되는 곰인형'이라는 뜻으로 사용하도록 교육시킬 수 있지. '내 하나님'이라는 말도 마찬가지야. 실제로는 '내 장화'라는 말과 전혀 다를 바 없는 뜻, 즉 '나한테 특별 봉사를 해 달라고 요구할 수 있으며 설교단에서 얼마든지 이용해 먹을 수 있는, 내가 독점하고 있는 하나님'이라는 뜻으로 사용하도록 교육할 수 있다구.

인간이 완전히 소유했다는 의미에서 '내 것'이라고 말할 수 있는 것이 단 하나도 없다는 사실만 생각하면, 시도 때도 없이 웃음이 나오지 뭐냐. 종국에는 존재하는 모든 것, 특히나 모든 인간에 대해 원수나 우리 아버지 둘 중 한 편이 '내 것'을 주장하게 될 게다. 그러니 마음 푹 놓아도 좋아. 인간들도 결국엔 자기 시간, 자기 영혼, 자기 육체가 과연 누구 것인지 알게 되는 날이 올 테니까. 여하한 경우에도 **저희들 것**은 절대 될 수 없지.

지금은 원수가 세상을 만들었다는 현학적이고 법적인 근거를 대면서 만물이 '내 것'이라고 떠들고 있다. 하지만 우리 아버지께서는 세상을 정복했다는 한층 더 현실적이고 역동적인 근거를 바탕으로 만물이 '내 것'이라고 주장할 수 있게 되길 바라고 계신다.

너를 아끼는 삼촌,

*Screwtape*

## 22

친애하는 웜우드에게

뭐야! 네 환자가 사랑에 — 그것도 최악의 사랑에 — 빠진데다가
상대는 네 보고서에 이름조차 오르지 않았던 여자라고!

언젠가 편지에 아무 생각 없이 쓴 표현들을 네가 비밀경찰한테
찔렀던 일, 기억하느냐? 궁금해할 것 같아 하는 말인데 그 바람
에 생긴 작은 오해는 이제 깨끗이 해결되었다. 그걸 빌미로 나의
친절한 조언을 얻으려 했다면 큰 착각이라는 말을 하고 싶구나.
그간의 다른 실수들과 함께 이번 건에 대해서도 대가를 단단히
치러야 할걸. 무능한 유혹자들을 수감할 신설 교도소에 관한 안
내책자가 새로 나왔길래 동봉한다. 삽화가 많으니 지루한 페이지
는 하나도 없으리라 믿는다.

이 여자의 신상기록부를 찾아보니 정말 끔찍하더구나. 그리스

도인도 보통 그리스도인이 아니야. 역겹고 조용조용하고 선웃음을 쳐 대고 얌전을 떠는데다가 말수 적고 쥐새끼 같고 매가리 없고 미천하고 순결하고 순진한 아가씨더라구. 쬐끄만 짐승 같은 것. 생각만 해도 욕지기가 나네. 신상기록부를 한 장 한 장 넘길 때마다 악취가 진동하면서 꼭 불에 덴 것처럼 뜨끔뜨끔하더라니까.

세상이 이렇게까지 타락하다니, 정말 미치겠군. 옛날 같으면 두말 할 것도 없이 원형경기장으로 보내 버렸을 텐데. 거기야말로 그런 여자한테 딱 어울리는 장소지. 하긴 거기서도 썩 좋은 일을 할 것 같진 않다. 두 얼굴을 가지고 있는 그 쬐끄만 사기꾼(나는 이런 부류의 여자들을 잘 알고 있지)은, 평소에는 핏기만 조금 비쳐도 기절할 것처럼 호들갑을 떨다가도 막상 죽음이 닥쳤을 때는 태연하게 웃음으로 맞이하니까 말이야. 어느 모로 보나 새빨간 사기꾼이지. 버터도 녹이지 못할 것처럼 부드러워 보이는 입술 속에 풍자의 재기를 숨기고 있다구. 심지어 **나한테서까지** 웃음거리를 찾아 낼 종자다!

재밋대가리라곤 눈곱만큼도 찾아볼 수 없는 그 추잡하고 쬐끄만 내숭덩어리가 이 얼간이의 품에는 새끼들을 싸지르는 다른 동물들처럼 냉큼 뛰어들 준비를 하고 있으니, 내 참. 순결이라면 미쳐 날뛰는 원수가 왜 이런 여자는 한 방에 날려 버리지 않는 걸까? 오히려 싱글거리며 구경만 하는 이유가 대체 뭐냐구?

원수는 내심으로는 영락없는 쾌락주의자다. 금식이니 철야기도니 화형주(火刑柱)니 십자가 같은 건 눈속임에 불과해. 아니면 바닷가에 밀려드는 물거품 같은 것이거나. 원수의 바다로 나가 보면 쾌락, 더 많은 쾌락이 넘실거린다. 원수도 이 사실을 숨기려 하지 않지. 그 작자 우편에 '영원한 즐거움'이 있다고 하지 않더냐.[14]

우! 원수는 비참의 직관[15] 속에서 우리가 도달하는 높고도 준엄한 신비를 눈곱만큼도 모를 게다. 웜우드, 그 작자는 속물이야. 부르주아의 정신을 가지고 있지. 그는 세상을 쾌락으로 꽉 채워놓았다. 자고, 씻고, 먹고, 마시고, 사랑하고, 놀고, 기도하고, 일하는 것처럼 자기가 조금도 개의치 않는 가운데 인간들이 하루종일 할 수 있는 것들을 주었다. 그러니 무엇이든 **비틀지 않으면** 유용하게 써먹을 길이 없는 게야. 우리로선 지독하게 불리한 상황에서 싸우는 셈이지. 우리 편에 본래 주어진 거라곤 단 하나도 없으니까(그렇다고 **너의** 변명거리는 못 된다. 네 문제는 내가 곧 처리할 테니 기다려. 넌 항상 나를 증오했고, 배짱이 생길 때는 오만방자하게 까불어댔지).

그건 그렇고, 환자는 그 여자를 사귀게 되면서 당연히 그 가족

---

14) "주의 앞에는 기쁨이 충만하고 주의 우편에는 영원한 즐거움이 있나이다"(시편 16:11 하).
15) Miserific Vision. '지복의 직관'(Beatific Vision)이라는 신학용어를 비튼 말장난.

과 친구들도 알아가고 있는 중이더구나. 여자가 사는 그 집이야 말로 발도 들여 놓지 못하게 막았어야 할 곳이라는 걸 어떻게 모를 수가 있지? 집 전체에서 예의 그 치명적인 냄새가 풀풀 나는 데도 말이야. 그 집에 온 지 5년밖에 안 되는 정원사까지 같은 냄새를 풍기기 시작했다구. 하다못해 주말에 방문하는 손님들까지 그 냄새를 묻혀 가는 데다가, 개나 고양이한테까지 악취가 배어 있는 형편이다.

그 집은 도저히 뚫고 들어갈 수 없는 신비로 온통 감싸여 있다. 가족 한 사람 한 사람이 어떤 방식으로든 다른 가족에게서 밑천을 끌어오는 것만큼은 틀림없는데(이건 기본적인 원리에 해당하는 문제다) 도대체 그 방식을 알아 낼 길이 없단 말이야. 그 집 인간들은 자기네가 사심 없는 사랑이라는 가면 뒤에 진짜 숨기고 있는 게 뭔지에 대해 원수만큼이나 악착같이 비밀을 지키고 있다. 그 집과 그 집 정원은 하나의 거대한 외설이야. 어떤 인간 작가가 천국을 묘사한 내용과 메스꺼울 정도로 닮아 있지. "오직 생명만 있는 곳, 그리하여 음악 아닌 것은 모두 침묵인 곳."

음악과 침묵이라니, 둘 다 정말 싫다! 우리 아버지께서 지옥에 입성하신 이래 — 광년으로 따져도 인간이 표현하지 못할 만큼 오래 전 일이지만 — 지옥 공간 중 단 한 치, 지옥 시간 중 단 한 순간도 그 끔찍한 세력에 내주지 않은 채 오직 소음의 영토로 남아 있다는 게 얼마나 감사하냐. 소음. 그 장엄한 역동성. 의기양양하고 무자비하며 사내다운 모든 것들의 청각적인 표현. 어리석기 짝이 없는 마음의 동요와 절망스러운 양심의 가책과 실현 불가능한 욕망에서 유일하게 우리를 보호해 주는 소음.

우리는 전 우주를 하나의 소음으로 만들고야 말 것이다. 지구에서는 이미 이 방향으로 위대한 진보를 이루어 냈다. 천국의 선율과 침묵은 결국 소음에 뒤덮이고 말리라. 아직은 우리 소리를 충분히 높이지 못했다는 것, 아니 높였다고 할 수도 없을 정도라는 걸 인정한다. 그러나 현재 연구가 진척되고 있다. 그 동안에 **너도** 역겹고 하찮은……

(필사본은 여기서 끊어졌다가 다른 필체로 이어지고 있다.)

편지를 쓰다가 흥분한 나머지 나도 모르게 큰 지네의 형상이 되고 말았다. 그래서 나머지는 비서에게 받아쓰라고 했다. 변신이 완료되고 나서 보니, 이게 주기적인 현상이라는 걸 알겠구나. 이 소문이 인간한테까지 퍼지는 바람에, 밀턴[16]이라는 시인의 작품에 왜곡된 설명이 나오게 되었지. 이런 형태의 변화는 원수가 부과한 '벌'이라는 웃기는 헛소리까지 덧붙여서 말이지. 그에 비하면 현대 작가 — 숀[17]가 뭔가 하는 인간인데 — 쪽이 오

---

16) John Milton. 17세기 영국의 작가로서 〈실락원〉, 〈복락원〉 등을 썼다.
17) 20세기 영국의 극작가이자 비평가인 조지 버나드 쇼(George Bernard Shaw)를 지칭하는 말.

히려 진실을 더 잘 파악했다고 할 수 있다. 변형이란 안에서부터 진행되는 것으로서 '생명력'의 영광스러운 표현이지. 우리 아버지께서 자신 이외에 무언가를 숭배하셨다면 바로 이 생명력을 숭배하셨을 게다.

　이런 형태가 되고 나니, 너를 만나 결코 갈라 놓을 수 없는 포옹으로 나한테 결합시키고 싶은 마음 굴뚝 같구나.


지옥 심연숭고부 차관, TE, BS, 기타 등등이신

스크루테이프 각하를 대신하여

토드파이프가 서명함.

*Toadpipe*

# 23

사랑하는 웜우드에게

그 여자와 역겨운 가족들을 통해 환자는 날마다 더 많은 그리스도인들을 만나고 있다. 그것도 아주 지적인 그리스도인들을 말이야. 그렇다면 그의 삶에서 영성을 **제거**하는 일은 한동안 거의 불가능하다고 봐야 한다. 좋아, 영성을 없앨 수 없다면 **부패**시키는 쪽을 택할 수밖에.

너도 연병장 훈련 때 빛의 천사로 변신하는 연습을 여러 번 했겠지. 지금이야말로 원수의 눈 앞에서 그걸 해 보일 때다. '세상'과 '육신'이 우리를 실망시켰지만 제3의 '힘'이 아직 남아 있다. 사실은 이 세번째 종류의 성공이야말로 그 무엇보다 영광스러운 것이다. 흔해 빠진 폭군이나 난봉꾼보다는 타락한 성인이나 바리새인, 종교재판관, 마술사 따위가 지옥에선 훨씬 더 흥미로운 놀림감이니까.

네 환자의 새 친구들을 둘러보니, 최선의 공격지점은 바로 신앙과 정치 사이의 경계선이다. 새 친구들 가운데 종교의 사회적 의미에 아주 열렬한 관심을 갖고 있는 치들이 몇 명 있더구나. 그 사실 자체만 놓고 본다면야 나쁜 일이라 하겠지만, 전화위복이 될 수도 있지.

정치적인 기독교 작가 가운데 '기독교는 아주 초창기부터 창시자의 교리에서 벗어나 잘못된 길로 들어섰다'고 믿는 이들이 상당수 있다는 건 너도 알겠지. 바로 이 생각을 이용해서, 후대의 '가필과 왜곡'을 걷어 내면 전체 기독교 전통과 대조되는 '역사적 예수'를 발견할 수 있다는 개념을 한 번 더 조장할 수 있다. 우리는 이전 세대 때 자유주의와 인본주의 노선에서 그런 '역사적 예수'를 구성하도록 선동한 바 있다. 지금은 마르크시즘 노선과 파국적, 혁명적 노선에서 새로운 '역사적 예수'를 제창하도록 조종하고 있지.

우리가 대략 30년의 간격을 두고 적당히 갈아 주고 있는 이 '역사적 예수'의 구성에는 여러 가지 이점이 있어. 무엇보다 먼저, 인간을 존재하지 않는 대상에게 헌신하게 만드는 효과가 있지. 사실 '역사적 예수'들은 모조리 비역사적이거든. 기록이란 건 쓰여 있는 그대로일 뿐, 뭘 덧붙이고 말고 할 게 없다. 그러니 새로운 '역사적 예수'를 만들려면 이미 있는 기록에서 어떤 점은 묵살하고 어떤 점은 과장하며, 일상생활에서는 단 10실링도 걸지 않을 추측(우리는 이럴 때 **기발하다**는 말을 쓰도록 가르치고 있다)들을 동원해야 하는 게야. 그런 추측들 덕분에 가을만 되면 출판사 신간목록마다 '새로운 나폴레옹' 부터 '새로운 셰익스피어', '새로운 스위프트' 따위가 줄줄이 등장하지.

둘째로, 사람들은 역사적 예수가 퍼뜨렸다고 추측되는 특정한 이론에서 그 예수의 중요성을 찾는다. 즉 예수는 현대적인 의미에서 '위인' — 균형이 잡히지 않은 채 원심(遠心)을 그리며 내려온 사상 계보의 종착점에 서 있는 인물 —, 즉 만병통치약을 파는 기인(奇人)이 되어야 하는 셈이지. 이렇게 해서 우리는 예수가 어떤 인물이며 무슨 일을 했는지에 대해서는 도통 관심을 기울이지 못하게 만들 수 있다. 일단 예수를 단순한 스승으로 만들어 버린 후, 그의 가르침과 다른 모든 위대한 도덕적 스승들의 가르침이 실질적으로는 아주 일치하고 있다는 점을 슬쩍 은폐해 버리는 게야. 위대한 도덕적 스승들이란 무슨 새로운 지식을 주는 사람들이 아니라, 태고적부터 있던 도덕적 상투어들을 새로운 말로 바꾸어 가르치고 기억시킴으로써 우리의 은폐공작을 방해하기 위해 원수가 보낸 존재들이라는 걸 인간들이 알아채면 곤란하지. 우리는 소피스트를 만들지만, 원수는 그들의 궤변에 대답할 소크라테스 같은 인물을 일으킨다.

우리의 세번째 목표는 이런 역사적 예수들을 구성함으로써 헌신의 삶을 무너뜨리는 것이다. 우리는 기도와 성례 가운데 실제로 임재하는 원수를, 그저 있을 법하고 막연하며 그림자 같은 기괴한 인물, 낯선 언어를 쓰다가 오래 전에 죽은 인물로 대체해 놓고 있지. 그런 대상을 경배한다는 건 사실상 불가능한 일 아니냐. 너는 이렇게 함으로써 피조물의 찬양을 받는 창조주 대신 단순히 일개 도당의 갈채를 받았던 지도자, 후대에 분별력 있는 역사가의 인정을 받게 된 뛰어난 인물에 불과한 존재를 금방 만들어 낼 수 있다.

넷째로, 이렇게 묘사된 예수는 그 자체가 비역사적인 인물일 뿐 아니라, 그의 종교 역시 또 다른 의미에서 역사를 거스르게 된다. 예수의 전기를 그야말로 단순한 전기로 취급해서 역사적으로 연구하다가 원수의 진영에 합류하게 된 나라나 개인은 하나도 없어. 사실 원수의 전기를 완벽하게 구성할 만한 자료 자체가 인간들에게는 주어져 있질 않지.

초창기에 회심한 인간들은 단 하나의 역사적 사실(부활)과 단 하나의 신학적 교리(구속)만으로 회심했다. 그리고 그 구속의 교리라는 건 자기가 이미 저지른 죄 — 어떤 '위인'이 마치 새 것인 양 그럴싸하게 포장해서 제시한 율법을 어긴 죄가 아니라, 자기가 어려서부터 어머니와 유모한테 배웠던 평범하고 오래 된 보편적 도덕률을 어긴 죄 — 를 자각하는 사람들에게 영향을 주었지. '복음서'는 나중에 생긴 것으로서, 사람들을 그리스도인으로 만들기 위해서가 아니라 이미 그리스도인이 된 사람들을 양육하기 위해 쓰여진 게야.

그러니까 '역사적 예수'가 어떤 특정 지점에서는 우리한테 위험해 보일 수 있지만, 그럼에도 불구하고 언제나 장려할 만하다 이 말씀이야. 기독교와 정치의 전반적인 연관성에 관해서라면 우리 입장이 좀 미묘해지지. 기독교가 정치적 삶에까지 흘러들어가는 거야 분명히 원치 않는 바다. 그랬다가 정말 정의로운 사회가 세워지기라도 하는 날엔 정말 큰일이고말고.

우리가 바라는 바, 정말 간절히 바라는 바는 인간들이 기독교를 수단으로 취급하는 것이다. 물론 자신의 출세 수단으로 이용한다면야 더 이상 바랄 게 없겠지만, 그게 안 된다면 다른 목적을 위한 수단으로라도 — 하다못해 사회 정의를 위한 수단으로라도 — 삼게 해야지. 이 경우, '사회 정의는 원수가 요구하는 것이므로 가치 있는 일'이라고 일단 믿게 한 후, '기독교는 그 사회 정의를 실현할 수 있는 수단이므로 가치 있다'고 믿는 단계까지 밀어붙여야 한다.

실제로야 원수가 그렇게 인간의 편리에 따라 이용당할 존재가 아니지. 개인이나 국가가 훌륭한 사회를 만들기 위해 신앙을 부흥시키려고 생각하는 것은, 천국 계단을 제일 가까운 약국 가는 지름길로 쓸 수 있다고 생각하는 것과 하나도 다를 게 없다.

인간들을 이 작은 골목으로 꾀어 오기가 이토록 쉽다니, 정말

다행스러운 일이지 뭐냐. 오늘만 해도 "이러한 믿음만이 낡은 문화들이 사라진 후에도 살아남아 새로운 문명의 탄생을 지켜볼 수 있다"는 걸 근거로 내세우면서, 기독교를 제 맘대로 변형시켜 소개하는 기독교 작가의 글을 읽었다. 이 미세한 틈이 보이느냐? 기독교가 진리이기 때문이 아니라 무언가 다른 이유 때문에 믿으라는 것, 이게 바로 우리 수법이야.

너를 아끼는 삼촌,

*Screwtape*

## 24

사랑하는 웜우드에게

　네 환자의 애인을 담당하고 있는 슬럼트림펫(Slumtrimpet)과 편지를 몇 통 주고받았는데, 이제야 그 여자가 두르고 있는 철갑의 허점이 보이기 시작하는구나. 그 허점이란 여간해서는 눈에 잘 보이지 않는 사소한 악으로서, 그 여자뿐 아니라 명쾌하게 정의된 신앙으로 결속된 집단에서 자라난 여자라면 거의 누구나 가지고 있는 것이지. 즉 그네들은 자기들과 믿음을 공유하지 않는 외부인들은 그야말로 어리석고 우스운 사람들일 것이라는 흔들리지 않는 억측을 가지고 있다. 그런 외부인들과 계속 접촉하는 남자들이야 이렇게까지는 느끼지 않지. 저들 나름대로의 확신이 따로 있긴 해도 그 종류가 달라.

　그 여자 자신은 신앙 때문에 이런 확신을 갖게 되었다고 생각하지만, 사실은 상당 부분 주변 환경의 영향을 받은 탓이 크다. 이런 확신은 제 아버지가 쓰는 생선칼이야말로 제대로 된 칼이고 정상적인 칼이며 '진짜' 칼이고, 이웃집에서 쓰는 칼은 절대 '진짜 생선칼이 아니다'라고 믿었던 열 살 때의 확신과 별반 다르지 않지.

하지만 전체적으로 본다면 무지와 순진함이 큰 비중을 차지하는데다가 영적인 교만의 요소는 적기 때문에 이 여자 자체만 놓고 볼 때는 별 희망이 없다. 혹시 이 여자의 확신을 이용해서 환자를 요리할 생각은 해 보았느냐?

초심자들은 언제나 과장이 심한 법이다. 갓 출세한 사람은 지나치게 세련되게 굴게 되고, 젊은 학자는 현학적이 되게 마련이지. 그런데 환자는 이 새로운 집단의 초심자 아니냐. 그는 이 곳에서 전에는 상상도 못했을 만큼 수준 높은 그리스도인들의 삶을 날마다 접하는데다가, 사랑의 마법이 걸린 유리를 통해 만사를 보고 있는 중이다. 그는 지금 이 수준을 모방하고 싶은(이건 사실 원수의 명령이기도 하지) 마음이 간절한 상태야. 그렇다면 애인의 결점을 모방하고 과장하게 만들어서, 여자한테서는 경미했던 결점이 그한테 옮겨왔을 때는 가장 강력하고도 아름다운 악, 즉 영적인 교만이 되게 할 수 있겠지?

현재 조건은 더할 나위 없이 유리하다. 환자가 새로 속하게 된 집단은 기독교 외에도 다른 많은 점에서 교만으로 유혹할 여지가 많거든. 이 모임은 그가 이제껏 접했던 어떤 모임보다 교육수준도 높고 지적이며 호감을 주는 곳이다. 환자는 이 모임 안에서 자기가 차지하는 위상에 대해 얼마간의 환상까지 가지고 있지. '사랑'의 영향으로 아직까지는 그 여자가 자기한테 과분하다고 생각할 수도 있지만, 그 나머지 사람들이 과분하다는 생각은 급속히 사라지고 있어. 환자는 그들의 사랑 덕분에 자기가 얼마나 많이 용서받고 있는지, 그 가족의 일원이 된 덕분에 얼마나 많이 용납받고 있는지에 대해서는 전혀 아는 바가 없지. 자기의 말과 의견 중 꽤 많은 것들이 그저 그들이 이미 했던 말의 메아리처럼 들리고 있으리라고는 꿈에도 생각 못 하고 있다구.

이런 형편이니 이 사람들한테서 얻는 즐거움 가운데 상당 부분이 사실은 그 아가씨가 발산하는 관능적인 매력 때문일 거라는 의심을 할 리가 있나. 그저 서로 영적 상태가 어느 정도 맞아떨어지기에 자기가 이토록 그들의 말과 생활방식을 좋아하는 거라고 생각할 뿐이지. 물론 실제로는 그들의 수준이 훨씬 더 높고말고. 환자가 사랑에 빠지지만 않았던들 지금처럼 그들을 받아들이기는커녕 당혹감과 거부감밖에 느끼지 못했을걸. 사냥의 본능과 주인에 대한 사랑 때문에 겨우 하루 사냥해 본 개가, 이제 총기류에 대해서라면 다 통달한 양 착각하는 꼴이지 뭐냐!

너는 바로 이런 기회를 잡아야 하는 거다. 사실 원수는 지금 자기를 섬기는 일에서 환자보다 훨씬 앞서 있으면서 호감도 주는 인물 몇 명과 이성간의 사랑을 통해, 그 밖의 방법으로는 도저히 도달할 수 없을 수준으로 그 젊은 야만인을 끌어올리고 있는 중이야. 하지만, 너는 그 야만인이 **자기한테** 걸맞은 수준을 찾았다고, 즉 이들은 '자기와 같은 부류'라서 같이 어울리면 그렇게 편할 수가 없다고 느끼게 해야 한다. 그러다가 혹시 다른 모임에라도 가게 되면 지루하기 짝이 없을 게야. 부분적으로는 그가 찾는 거의 모든 모임이 실제로 훨씬 재미가 떨어지는 탓이기도 하지만, 그보다는 그 아가씨의 매력이라는 요소가 빠져 있는 탓이 더 크지.

즐거운 집단과 지루한 집단의 차이를 신자와 불신자의 차이로 착각하도록 가르치거라. '우리 그리스도인들은 확실히 달라'라는 느낌(물론 이런 느낌을 입 밖에는 내지 않게 하는 게 좋아)을 주어야 한다. 그럴 때 저도 모르는 사이에 '우리 그리스도인'이 곧 '내 편'을 가리키게 만들라구. 물론 여기서 '내 편'이라는 건 '사랑과 겸손으로 나 같은 사람을 받아들여 준 사람들'이라는 뜻이 아니라 '내가 마땅히 누려야 할 권리에 따라 사귀는 사람들'이라는 뜻이 되어야지.

이 작전의 성공 여부는 환자를 얼마나 혼동시킬 수 있느냐에 달려 있다. 그가 드러내 놓고 공공연히 '나는 그리스도인'이라고 자랑하고 다니게 만든다면 실패할 수밖에 없지. 이 점에 관한 원수의 경고는 이미 잘 알려져 있는 바다[18].

141

다른 한편으로는 '우리 그리스도인'이라는 생각을 완전히 없애 버린 채 '내 편'이라는 생각에만 자족하게 만들 수도 있는데, 이 경우에는 사회적 허영심의 조장이 가능하지. 하지만 이건 진정한 영적 교만에 비교하면 빛 좋은 개살구요 하찮기 그지없는 사소한 죄에 불과하다.

따라서 네가 할 일은 이 모든 생각에 은근한 자긍심을 뒤섞어 놓되, '내가 정확히 **무엇에** 자긍심을 느끼는 걸까?'라는 의문만은 절대 품지 못하게 하는 거다. 핵심부에 소속되어 비밀을 공유한다는 건 달콤하기 짝이 없는 일이지. 바로 그 부분을 건드리거라. 그 여자가 가장 어리숙하게 굴 때의 영향력을 최대한 이용해서, 환자가 불신자들의 말을 **우스워하는** 태도로 받아들이도록 교육하라구.

환자가 현대 기독교 집단들을 통해 접할 만한 몇 가지 이론은 이 부분에서 도움이 될 게다. 몇 명의 '성직자' 핵심층, 즉 몇 명의 훈련된 신정론자들에게서 사회의 희망을 찾는 이론들 말이야. 이런 이론이 옳으냐 그르냐는 네가 상관할 바가 아니다. 기독교를 일종의 비밀 종교로 만들고, 환자 스스로 그 전수자처럼 느끼게 만들면 그만인 게지.

제발 유럽전쟁에 대한 헛소리로 편지를 도배하는 짓은 그만두

---

18) 마태복음 10:32-33; 마가복음 8:38; 로마서 10:9-10 참조.

거라. 물론 그 최종 결과야 실로 중요한 것이지만, 그건 최고사령부에서 다룰 문제야. 영국에서 폭격으로 죽은 인간이 얼마나 많든지 난 눈곱만큼도 관심이 없다. 그들이 어떤 심리상태로 죽어 갔는지에 대해서는 이 곳 사무실에서 알아 보면 되는 일이고. 그들이 언젠가 죽으리라는 건 진작에 알고 있던 사실이 아니냐. 제발 쓸데없는 데 신경쓰지 말고 네 일이나 잘 해.

너를 아끼는 삼촌,

*Screwtape*

## 25

사랑하는 웜우드에게

네 환자가 어울리고 있는 일당의 진짜 문제는 **순전히** 기독교적
이라는 데 있다. 물론 각자 관심사가 다르긴 하지만 그들을 묶고
있는 끈은 여전히 순전한 기독교란 말이야.

우리의 바람은 이왕 그리스도인이 된 인간이라 하더라도 '기독
교와 무엇무엇' 이라는 심리상태를 유지하게 만드는 것이다. 무슨
소린지 알겠지. 기독교와 위기, 기독교와 신(新)심리학, 기독교와
나치 독일의 신(新)질서, 기독교와 신유의 역사, 기독교와 심령
연구, 기독교와 채식주의, 기독교와 맞춤법 개혁 같은 걸 찾게 하
라구. 어차피 그리스도인이 될 수밖에 없는 인간이라면 적어도
무언가 다른 그리스도인을 만들어야지. 신앙이 있어야 할 자리에
무언가 기독교적 색채를 띤 유행을 들어앉히거라. '예나 지금이

나 변함없는 것'이라면 무조건 질색하는 감정을 파고들라 이 말이야.

이 감정은 우리가 인간의 마음에 만들어 낸 가장 값진 열정이다. 이 감정이야말로 종교에서는 이단을, 조언을 할 때는 어리석음을, 결혼생활에서는 부정(不貞)을, 우정에서는 변덕을 일으키는 원천이지. 인간은 시간 속에서 사는 존재인지라 현실을 연속적인 형태로 경험하게 되어 있다. 그러니 현실을 많이 경험하려면 그만큼 다양한 걸 많이 경험해야 하는 게야. 이것은 곧 변화를 경험해야 한다는 뜻이다.

이렇게 인간에게는 변화가 필요하기 때문에, 원수는 인간이 먹는 걸 즐기듯이 변화도 즐기게 해 놓았다(내심으로는 정말 쾌락주의자라니까). 그러나 먹는 것이 그렇듯이 변화 역시 그 자체가 목적이 되면 곤란하니까 불변을 사랑하는 마음을 주어 변화를 사랑하는 마음과 균형을 맞추어 놓은 게야. 그리고는 변화와 불변을 결합함으로써(우리는 이걸 '리듬'이라고 부른다), 자신이 창조한 세계 속에서 이 두 취향이 다 만족될 수 있도록 고안해 두었지. 인간에게 사계절을 주되, 그 계절이 해마다 다르면서도 같게 해 놓은 것처럼 말이야. 그래서 봄은 늘 새로우면서도 동시에 아주 오래 된 주제의 반복이 된다. 원수는 자기 교회에도 영적인 해(spiritual year)를 주었는데, 그것 역시 금식과 축제가 번갈아가며 바뀌면서도, 동시에 해마다 같은 절기를 지키게 되어 있지.

그러나 우리는 먹는 즐거움만 따로 부풀려 탐식을 만들어 낸 것처럼, 변화가 주는 자연스런 즐거움만 따로 뒤틀어 완벽하게 새 것만 원하는 욕구로 바꾸고 있다. 이 욕구는 전적으로 우리 작품이야. 혹시라도 우리가 이 임무를 게을리한다면, 인간들은 **올해** 1월에 내린 눈송이와 **오늘** 아침의 해돋이와 **이번** 크리스마스의 플럼푸딩 앞에서 새로움과 친숙함을 동시에 맛보며 만족할 뿐 아니라 황홀감까지 느끼게 될걸. 우리의 교육을 제대로 받기 전에 어린아이들이 하는 꼴을 좀 보라. 여름에서 가을로 접어들 때마다 여느 해와 다름 없이 도토리놀이에서 돌멩이치기로 제철놀이를 바꾸면서도 재미있어서 어쩔 줄 모르지 않느냐. 그러니 우리가 끊임없이 노력할 때만이 리듬과 상관없는 무한한 변화의 욕구를 보전할 수 있는 게야.

이 욕구는 여러 모로 유익하다. 무엇보다 욕망은 증대시키면서 쾌락은 감소시킬 수 있지. 새 것이 주는 쾌락이란 본질상 그 어떤 것보다 한계효용체감의 법칙에 지배받게 마련이거든. 게다가 지속적으로 새 것을 경험하려면 돈이 많이 들기 때문에, 탐욕이나 불행 중 하나, 또는 두 가지 모두를 불러올 수 있다. 더 나아가 이 욕구가 거세지면 거세질수록 무해한 쾌락의 원천은 더 빨리 고갈되어 버리고, 결국에는 원수가 금지하는 쾌락으로 나아가게 되지.

예를 들어 볼까. 우리는 최근에 이런 식으로 '예나 지금이나 변함없는 것'을 질색하는 마음에 불을 지름으로써, 예술을 그 어느 때보다 위험이 덜한 물건으로 바꾸어 놓았다. '저급예술가' '고급예술가' 할 것 없이 새롭고 더 새로운 것, 과도한 선정성, 부조리, 잔혹성, 교만 속으로 하루가 다르게 빠져들고 있거든.

마지막으로, 새 것을 찾는 이 욕망은 유행이나 풍조를 창출해 내는 데 꼭 필요한 요소가 된다. 사상의 유행을 이용하면 진짜 위험한 것에 관심을 갖지 못하도록 방해할 수 있지. 각 세대마다 가장 덜 위험한 악은 반대하면서 우리가 그때 그때 퍼뜨리고 싶은 악에 가장 가까운 미덕은 찬성하도록 유행의 구호를 몰고 가면 된다구. 홍수가 날 때는 소화기를 들고 설치게 하고, 배가 침몰할 때는 뱃전까지 물이 들어온 쪽으로만 몰려들게 하는 게 우리 작전이야. 인간들이 모조리 세속화되고 열정이 식을 때에는 열정의 위험성을 조목조목 폭로하는 사조를 유행시키고, 1세기쯤 지나 사람들이 모조리 바이런[19] 식의 감상에 빠졌을 때에는 단순한 '오성'(悟性)의 위험을 부르짖도록 유행을 바꾸어 버리는 게지. 또 잔인한 시대에는 감상을 경계하게 하고, 나태하고 게으른 시대에는 체면을 경계하게 하며, 선정적인 시대에는 청교도주의를 경계하게 한다. 인간들이 죄다 노예 내지는 폭군이 되려고 안달나 있을 때에는 물론 자유주의를 최고의 적으로 만들어야지.

---

19) Lord George Gordon Byron. 19세기 영국의 낭만주의 시인.

그러나 무엇보다 큰 승리는, '예나 지금이나 변함없는 것'을 질색하는 이 감정을 철학으로 승화시킴으로써, 지식인들의 헛소리를 통해 의지의 타락을 강화시킨 것이다. 근대 유럽 사상(그 중에 일부는 우리 작품이야)에 전반적으로 나타나고 있는 진화론적, 역사적 특징은 이 점에서 아주 유용하지. 원수는 상투적인 걸 좋아한다. 그래서 내가 아는 한, 인간들이 행동을 하기에 앞서 아주 단순한 질문들을 던지길 바라지. 이를테면 '옳은 일인가', '신중한 일인가', '가능한 일인가' 하는 따위 말이야. 그런데 우리가 그 대신 '우리 시대의 전반적 조류에 부합하는 일인가', '진보적인 일인가, 반동적인 일인가', '역사에 흐름에 맞는 일인가'를 질문하게 만들 수만 있다면, 진짜 필요한 질문들은 무시하게 될 게다.

물론 **이런 건** 대답할 수가 없는 질문들이야. 인간은 미래가 어떻게 될지 모를 뿐 아니라, 그 미래의 모습이란 게 사실은 상당 부분 지금 자기들의 선택에 달려 있다는 것도 모르니까. 그들은 오히려 미래에 기대어 지금 선택을 내리려고 들지. 그 결과, 인간들이 이런 진공상태에서 우왕좌왕하는 사이에 살짝 침입하여 **우리가** 이미 정해 놓은 행동을 하게 만들 좋은 기회가 생기는 게야.

게다가 우린 이미 큰 일을 하나 해 놓았다. 한때 인간들은 좋은 변화와 나쁜 변화, 또는 좋지도 나쁘지도 않은 변화를 구분할 수 있었지. 그런데 우리는 이런 지식을 상당 부분 제거하는 데 성공했다. '불변하다'라는 기술(記述)적 형용사를 '정체되다'라는 좀 더 감정적인 형용사로 바꾸어 버렸거든. 우리는 미래란 '선택받은 영웅만이 얻을 수 있는 약속의 땅'이라고 생각하도록 인간들을 훈련시켜 놓았다. 물론 실제로야 직업이나 신분에 상관없이 한 시간당 60분의 속도로 찾아오게 되어 있는 것이지만.

너를 아끼는 삼촌,

*Screwtape*

# 26

사랑하는 웜우드에게

맞다. 연애기간이란 십 년 후 가족 불화로 자라날 씨앗을 미리
뿌려 두는 시기지. 아직 욕망을 채우기 전이니만큼 이 기간에는
서로 매력을 느끼는 것이 당연한데도, 인간들은 그런 매력이 낳
는 결과가 곧 사랑의 결과려니 착각하기 십상이다. '사랑'이라는
말의 모호한 뜻을 잘 이용하도록. 사실은 아직 매력을 느끼고 있
기 때문에 문제들을 보류하거나 연기한 상태이면서도, 정작 본인
은 사랑의 힘으로 이미 해결했노라고 믿게 해야 한다. 이런 상황
을 오래 끌어야, 문제들을 은밀하게 악화시켜 고질병으로 만들
기회가 생기는 게야.
　제일 큰 문제는 '비이기주의'이다. 이 점에서도 역시 우리 언
어학적 무기의 탁월한 업적 덕분에, 원수가 '사랑'이라고 부르는

적극적 개념이 '비이기주의'라는 소극적 개념으로 바뀌었다는 사실에 주목하기 바란다. 애시당초 다른 사람을 행복하게 해 주기 위해 자기 이익을 포기하는 게 아니라, 이기적인 사람이 되지 않기 위해 이익을 포기하도록 가르칠 수 있게 된 건 다 이 덕분이야. 우리로선 큰 점수를 따고 들어가는 셈이지.

남녀 사이일 경우에는 비이기주의에 관한 견해 차이를 이용하거라. 우리가 그 동안 이성간에 갈라 놓은 의견들 알지? 비이기주의라는 게 여자한테는 주로 다른 사람을 위해 수고하는 걸 뜻하지만, 남자한테는 남을 수고시키지 않는 걸 뜻한다. 그 결과, 아무리 원수를 섬기는 수준이 높은 여자라도 여느 남자보다 성가신 존재가 되어 버리는 게야. 물론 우리 아버지가 완전히 장악한 남자라면 말이 다르지만. 그 반대도 마찬가지다. 원수 진영에서 상당히 오래 지낸 남자라도 자발적으로 남을 기쁘게 한다는 점에서는 기껏해야 여느 여자가 늘상 하는 수준을 넘어서지 못하지. 이렇게 여자는 자기가 좋은 일을 하고 있다고 생각하고 남자는 다른 사람의 권리를 존중하고 있다고 믿는 한, 뚜렷한 이유 없이도 상대방을 철저하게 이기적인 인간으로 치부하게 될 수 있다. 이건 실제로도 일어나고 있는 일이야.

이런 혼동들 위에 몇 가지 혼동을 더 갖다 얹을 수도 있지. 관능적인 매력은 상대방의 뜻에 내 뜻을 양보하는 데서 **진정한** 기쁨을 느끼는 상호 수용의 상태를 창출해 낸다. 그런데 인간들은 원수가 요구하는 수준의 사랑을 품을 경우에도 비슷한 현상이 나타난다는 사실을 잘 알고 있거든. 그러니 너는 그들이 결혼하고 나서도 연애할 때만큼 희생하면서 평생토록 살아야 한다는 걸 법칙으로 정하게끔 해야 한다. 지금이야 관능적인 매력 때문에 희생할 마음이 자연스럽게 솟아날 테지만 매력이 사라지고 난 후에는 그 정도로 애정이 흘러넘칠 리 없지. 다만 지금은 성적인 흥분을 사랑으로 착각하고 있을 뿐 아니라 그 흥분이 영원히 계속되리라고 생각하는 이중의 맹목에 빠져 있기 때문에, 그 속에 숨어 있는 덫을 보지 못할 뿐이야.

형식적이고 율법주의적이고 명목뿐인 '비이기주의'가 하나의 규칙 — 감정적 자원은 이미 고갈되었는데 영적인 자원은 아직 확장되지 못한 탓에 지키지 못하게 된 규칙 — 으로 일단 자리만 잡는다면, 그야말로 유쾌하기 짝이 없는 결과들이 줄줄이 따라오게 되어 있다. 두 사람이 함께 뭔가를 하려고 의견을 나눌 때마다, A는 A대로 B는 B대로 각자 자기 바람은 제쳐 둔 채 상대방의 뜻을 지레짐작해서 편들어 주는 게 의무처럼 되어 버리거든. 그런데 문제는 상대방이 뭘 진짜 바라는지 알아 낼 수 없을 때가 자주 있다는 거야. 운이 좋으면 둘 다 전혀 바라지 않던 일을 해 놓고도 자기 의(義)에 취해서 만족하며, 자신의 비이기주의에 합당한 특별 대우를 은근히 기대할 뿐 아니라 상대방이 자기의 희생을 너무 간단히 받아들인다는 불만까지 슬쩍 품게 할 수 있지.

일이 이쯤 되면 '아량 싸움 망상증'이라고 부를 만한 공작에도 도전해 볼 수 있다. 이 게임은 다 자란 자식이 끼어 있는 가정처럼 선수가 두 사람 이상 참가해야 재미있어. 아주 사소한 일, 예컨대 정원에서 차를 마시자는 제안이 나왔다고 하자. 다른 한 사람이 조심스럽게, 자기는 별로 생각이 없지만 다른 사람이 원한다면 마시겠노라는 뜻을 분명히(그러나 말을 아껴가며) 전한다. 그러면 처음에 말을 꺼냈던 사람은 금세 자기의 제안을 철회해 버리는데, 표면상의 이유야 물론 '비이기주의' 때문이지만 사실은 지금 말한 사람의 치사한 이타주의에 놀아나고 싶지 않다는 심리 때문이다. 하지만 지금 말한 사람 역시 비이기주의를 실컷 행사할 수 있는 이 기회를 포기하지 않으려 든다. 그래서 그는 계속 '다른 사람이 원하는 대로' 하라고 우기고, 다른 사람들은 다른 사람들대로 그가 원하는 대로 하라고 우긴다. 감정이 점점 격해진다. 얼마 되지 않아 누군가의 입에서 "좋아, 마음대로 해. 난 절대 안 마실 테니까!"라는 말이 튀어나온다. 바야흐로 양쪽 모두 독한 분노를 품고 진짜 싸움에 돌입한다. 일이 어떻게 돌아가는 건지 알겠느냐?

만약 처음부터 각자 자기 뜻을 솔직하게 털어 놓았다면 이성과 예의라는 테두리를 지킬 수 있었겠지. 그러나 이 의견 충돌은 제 뜻을 고집하느라 생긴 게 아니라 거꾸로 상대편의 뜻을 고집하느라 생긴 것이거든. 이렇게 자신들이 실천하고 있는, 또는 적어도

153

변명으로 삼을 수 있는 명목상의 형식적인 '비이기주의'의 그늘에 가려 버린 형편이니, 실상 이 모든 분노는 좌절된 자기 의와 고집과 지난 10년간 쌓여 온 불만에서 나온 거라는 사실을 알아챌 리가 있나. 물론 쌍방 모두 상대편의 비이기주의가 싸구려에 불과하다는 점과 그로 인해 자신이 그릇된 입장을 취할 수밖에 없게 되었다는 점은 아주 민감하게 느끼고 있지. 그러면서도 멍청하게시리 정작 자기는 아무 잘못 없이 억울하게 이용당했다고 느끼거든. 사실 이 정도의 부정직성이야 인간에게 자연스러운 것이라 할 만해.

어떤 분별 있는 인간이 이런 말을 한 적이 있다. "비이기주의가 얼마나 많은 악감을 낳는지 안다면, 설교 단상에서 그것을 그렇게 자주 권장하지는 않을 것이다." 또 "그녀는 다른 사람들을 위해서 살아가는 그런 부류의 여자였다. 그런 헌신을 받는 입장에 있는 사람들은 마치 쫓기는 듯한 표정을 하고 있기 때문에 언제라도 쉽게 알아볼 수 있다"는 말도 했지.

이런 일들은 전부 연애기간에 시작될 수 있는 것들이야. 환자의 영혼을 확보하려면 소소한 **진짜** 이기주의보다는 정교하면서도 자의식이 강한 비이기주의의 초기 징후들이 결국엔 더 값진 결과를 낳는 경우가 많다. 그런 징후들은 내가 설명한 것과 같은 종류의 악으로 꽃필 가능성이 농후하지.

서로에 대한 어느 정도의 거짓과, 여자가 자기의 희생을 늘 알아 주는 건 아니라는 데 대한 놀라움 따위가 벌써 이 관계 속에 슬쩍 끼어들어 왔을 수도 있다. 이런 것들을 소중히 여기고, 무엇보다 이 두 젊은 바보가 이런 문제들을 눈치채지 못하도록 각별히 주의하거라. 혹시라도 두 사람이 눈치를 챌 시에는 연애감정이 전부가 아니라 사랑이 필요하다는 것, 그런데 자기들은 아직 그것이 부족하며 외부적 법칙으로 그 부족함을 메울 수는 없다는 걸 깨닫게 되는 사태가 벌어지고 말 게다. 슬럼트림펫이 어떻게든 수를 내서, 우스꽝스러운 일들을 쉽사리 알아채는 그 젊은 계집애의 감각을 무마해 주면 좋으련만.

너를 아끼는 삼촌,

*Screwtape*

# 27

사랑하는 웜우드에게

지금으로 봐서는 네가 영 제대로 일하는 것 같지가 않단 말이야. 원수를 향한 환자의 마음을 흩트리는 데 '사랑'이 쓸모 있다는 거야 자명한 사실이다마는, 요즘 환자가 바로 이렇게 흐트러진 마음과 방황하는 정신을 주된 기도 제목으로 삼고 있다는 네 말을 듣자하니 이 좋은 기회를 허비하고 있는 꼴이 훤히 보인다. 이건 네가 아주 대대적으로 실패했다는 뜻이야.

어떤 경우건 환자가 스스로 마음이 흐트러졌다는 생각을 할 시에는 순전히 자기 의지의 힘으로 마음을 추스른 후, 아무 일도 없었던 양 평상시처럼 기도하도록 부추겨야지. 마음이 흐트러졌다는 걸 당면 문제로 인정하며 **그걸** 원수 앞에 내놓고 주된 기도제목이자 노력할 항목으로 삼을 경우, 넌 좋은 일을 하기는커녕 긁어 부스럼 만든 꼴밖에 되지 않는다. 어떤 일이든, 설사 그게 죄라 하더라도, 환자가 원수에게 다가가는 총체적인 효과를 낳는다면 결국 우리에겐 불리한 일이 된다 이 말이야.

승산 있는 전선(戰線)을 알려 주마. 환자는 지금 사랑에 빠져 있기 때문에, **이 땅의** 행복에 대해 새로운 생각들을 하고 있을 게다. 따라서 전쟁이나 그 밖의 일들을 놓고 순수하게 드리던 간구에 새삼 절박한 심정이 더해졌을 거란 말이지. 그러니 지금이야말로 그런 종류의 기도에 지적인 난점들을 제시할 때야. 거짓 영성은 어떤 경우에든 부추길 만한 것이다. 인간들은 '하나님을 찬양하고 그분과 영적 교제를 나누는 것이 진정한 기도' 라는 겉보기에만 경건한 근거에 속아넘어가, 일용할 양식과 아픈 이웃들을 위해 기도하라는 원수의 분명한 명령(그 작자 특유의 단조롭고 진부하고 재밋대가리 없는 방식으로 내린 명령)을 정면으로 거스를 때가 많단다. 물론 이 때 환자에게 숨겨야 할 사실이 하나 있지. 저들이 '일용할 양식' 을 아무리 '영적인 의미' 로 해석해서 구한다 한들, 사실은 그 밖에 다른 의미로 구할 때보다 고차원적이랄 것도 없는 노골적인 간구에 불과하다는 사실 말이다.

하지만 환자는 순종이라는 끔찍한 버릇이 들어 있으니만큼 네가 무슨 짓을 해도 그런 '노골적인' 기도를 그만두지 않을 게다. 설사 그렇다 해도 '기도란 부조리한 것으로서 객관적인 결실을 하나도 맺지 못할 수 있다' 는 의혹을 떨치지 못하고 염려하게 만들 수는 있지. '동전 앞이 나오면 내가 이기고 뒤가 나오면 네가 진다' 는 논리를 잊지 말도록. 만약 기도한 대로 되지 않는다면 간구해 봤자 소용없다는 증거가 하나 더 추가되는 셈이다. 또 설사 기도한 대로 이루어졌다 해도 그 성취의 물리적 원인을 찾기란 어렵지 않은 일이니 '기도를 하든 하지 않든 어차피 일어날 일이었다' 고 생각하게 만들 수 있고, 따라서 성취된 기도 역시 거절당한 기도나 다름없이 '기도해도 소용 없다' 는 걸 증명하는 좋은 증거로 삼을 수 있지.

너는 영적 존재니만큼 어떻게 이런 걸 다 혼동할까 이해가 안될 게다. 그러나 인간은 시간을 궁극적 실재로 믿고 있다는 사실을 명심하거라. 인간은 원수도 자기처럼 어떤 것은 현재시제로 바라보며, 어떤 것은 과거시제로 뒤돌아보고, 또 어떤 것은 미래시제로 내다본다고 생각한다. 그리고 원수가 사물을 보는 방식은 인간과 다르다고 믿을 경우에도, 내심으로는 원수의 지각 방식이 워낙에 유별나므로 그가 보는 사물의 모습이 곧 그 사물의 본질이라고는 생각지 않거든(입으로야 얼마든지 그렇게 생각한다고 하겠지)!

네가 '인간이 오늘 드리는 기도는 원수가 내일의 날씨를 조정하는 데 사용하는 수많은 좌표 중 하나' 라고 설명하려 들 경우, 환자는 즉시 이렇게 반박할 게다. 그 말은 원수가 인간이 드릴 기도의 내용을 미리 알고 있다는 소리인데, 그렇다면 자유의지로 기도하는 게 아니라 미리 정해진 대로 기도하는 게 아니냐고 말이지. 그리고 어떤 날의 날씨를 결정하게 된 원인을 찾아 물질 그 자체가 처음 창조된 시점까지 거슬러 올라가야 하는 것 아니냐고, 그렇다면 인간 세계든 물질 세계든 모든 만물은 '처음부터' 결정나 있었던 게 아니냐고 덧붙이겠지.

환자가 뭘 놓치고 있는지 알 만하지? 특정한 날씨를 특정한 기도에 끌어다 맞추려 드는 짓은, 곧 시간의 제약을 받는 인간의 지각 양식 내부에 두 점을 찍어 놓고 영적인 세계 전체를 육체의 세계 전체에 끌어다 맞추려 드는 총체적인 문제의 표피에 불과하다는 것, 시간과 공간의 매 지점에서 창조 전체가 작동하고 있다는 것을 그는 모르는 게야. 아니, 그보다는 인간처럼 제한된 의식을 가진 존재들은 총체적이며 내적 일관성이 있는 창조 행위도 일련의 연속적 사건으로밖에 경험할 수 없다고 말하는 편이 낫겠구나.

도대체 **무슨 이유로** 이런 창조 행위 속에 인간의 자유의지가 개입할 여지를 마련해 놓았느냐 하는 점은 정말이지 골칫거리 중에 골칫거리로서, '사랑'에 대한 원수의 헛소리에 숨어 있는 비밀이기도 하다. 하지만 이 일이 **어떻게** 일어나느냐 하는 문제는 조금도 어려울 게 없지. 원수는 인간들이 자유롭게 미래에 기여하는 바를 **미리 내다보고** 있는 게 아니라, 자신의 '한없는 현재' 속에서 **지금 보고** 있는 것이거든. 어떤 사람이 무언가 하는 걸 지켜보는 것과 그 무언가를 하도록 강제로 시키는 것은 확실히 다른 일이다.

오지랖 넓은 작가들, 특히나 보이티우스[20] 같은 인간이 이미 그 비밀을 폭로해 버리지 않았느냐고 말할 수도 있겠지. 하지만 우리가 마침내 서유럽 전역에 퍼뜨리는 데 성공한 현재의 지적 분위기로 볼 때, 그런 걱정은 할 필요가 없다. 요즘은 학자들만 옛날 책을 읽는 데다가, 그런 치들 역시 우리가 워낙 잘 손봐 놓은 탓에 옛날 책에서 지혜를 얻을 가능성이 극히 희박해졌거든.

이건 우리가 역사적 관점을 주입했기 때문에 가능했던 업적이다. '역사적 관점'이란 간단히 말해서, 어떤 학자가 옛 저자의 진술을 읽을 때 '이것이 진실인가'라는 한 가지 질문만큼은 끝끝내 던지지 않는다는 걸 의미하지. 학자들은 그 저자에게 영향을 준 사람은 누구인가, 이 진술을 같은 저자의 다른 책과 비교할 때 얼마나 일관성이 있는가, 이 진술은 저자의 발전 단계나 전반적인 사상사 속에서 어떤 단계에 해당하는가, 후대의 저자들에게는 어떤 영향을 끼쳤는가, 얼마나 잦은 오해를 받아 왔는가(특히 자기 동료들 사이에서), 과거 10년간 전반적인 비평의 흐름은 어떠했는가, '이 문제의 현 단계'는 무엇인가 하는 따위만 물어 댄다구. 옛 저자를 지식을 얻을 수 있는 원천으로 여기는 것 — 그 저자의

---

20) Anicius Manlius Severinus Boethius. 6세기 로마의 철학자로서, 〈철학의 위안〉을 썼다.

말이 인간의 생각이나 행동을 바꿀 수 있으리라고 기대하는 것 — 은 말도 못 하게 단순소박한 태도로 치부당하게 마련이다.

우리가 인류 전체를 내내 기만할 수는 없는 일이니만큼, 이런 식으로 각 세대를 단절시키는 것은 몹시 중요한 일이다. 배움이 세대간의 자유로운 교환의 장(場)이 되는 한, 한 세대의 특징적인 오류가 다른 세대의 특징적인 진실에 의해 수정될 위험성이 늘 생기는 법이야. 하지만 저 아래 계신 우리 아버지와 '역사적 관점' 덕분에, 고명하신 학자님들이 과거로부터 받는 혜택이라고 해봤자 '역사는 순 헛소리'라고 믿는 무식한 정비공 수준을 넘지 못하는 게 작금의 현실이다.

너를 아끼는 삼촌,

*Screwtape*

# 28

사랑하는 웜우드에게

　전쟁에 대한 헛소리로 편지를 도배하지 말라고 했던 건, 인간들의 죽음과 도시의 파괴에 대한 네 유아기적 열변을 듣기 싫다는 얘기였다. 하지만 전쟁이 환자의 영적 상태와 현실적으로 관계된다면야 자세히 보고하는 게 당연한 일 아니냐. 이 점에서 넌 보기 드물게 아둔해. 그렇지 않고서야 그 녀석이 사는 동네에 대규모 공습이 예상된다는 이야기를 하면서 그렇게 기뻐 날뛸 수가 없지. 이건 일전에 내가 개탄한 바 있는 문제의 단적인 예라고 본다. 당장 눈앞에 보이는 인간의 괴로움을 즐기는 데 눈이 먼 나머지 금세 요점을 까먹는 네 고질적인 단점 말이야.
　폭탄이 인간을 죽인다는 걸 알긴 해? 아니면 이 시점에서 환자가 죽어 버리는 사태야말로 그 무엇보다 피해야 할 상황이란 걸 모르는 게냐? 환자는 네가 엮어 주려고 했던 세속적인 친구들에게서 잘도 빠져 나갔다. 대단한 그리스도인 아가씨와 '사랑에 빠졌으니' 당분간은 순결을 겨냥한 공격에도 면역이 되어 있는 형편이고. 우리가 놈의 영적인 삶을 부패시키고자 사용했던 수많은 방법들도 지금까지는 실효가 없는 것으로 드러났다.

현 시점에서는 전쟁의 전면적 충격이 점점 더 다가옴에 따라 세속적 희망이 차지하는 비중은 줄어들고, 그 대신 자신의 방어 임무와 그 아가씨 생각으로 마음이 꽉 차 버린데다가, 인간들의 표현을 따르자면 '자신을 벗어나' 그 어느 때보다 이웃에게 관심을 갖게 되었고, 이런 상태를 자기가 생각했던 것보다 더 좋아하고 있으며, 의식적으로 원수를 의지하는 마음 또한 날마다 커지고 있는 판국이니, 혹시라도 오늘 밤에 죽는다면 그를 영영 잃고 말 것이 확실하다.

이렇게 명백한 사실을 구구절절 써야 한다니, 창피해서 견딜 수가 있나. 너희 젊은 악마들이 유혹의 임무를 수행할 때 한 번에 너무 오래 나가 있는 것은 아닌지, 혹시 인간들 틈에서 일하다가 그들의 가치관과 정서에 감염될 위험에 처한 건 아닌지, 가끔 의구심이 생겨.

물론 인간들은 죽음을 최악으로, 그리고 생존을 최선으로 여기는 경향이 있다. 하지만 그건 다 우리가 교육시킨 결과야. 우리가 퍼뜨린 선전에 우리가 놀아나서야 되겠어? 환자의 어머니와 애인이 그렇게나 열심히 기도하는 환자의 육체적 안전이야말로 이 순간에 네가 추구해야 할 주된 목표라는 점이 이상해 보이기도 하겠지. 하지만 그건 사실이다. 너는 네 눈동자를 지키듯 환자를 지켜야 해. 그가 지금 죽어 버리면 넌 영영 그를 잃고 만다구. 하지만 어떻게든 이 전쟁통에 살아남기만 하면 희망이 있지.

첫번째 유혹의 큰 물결이 닥쳤을 때는 원수가 네게서 그를 보호해 주었다. 하지만 그가 살아남기만 하면, 그 때부터는 시간이 네 편이 되어 줄 게야. 중년이라는 길고 지루하고 단조로운 세월은, 풍요롭게 사느냐 역경을 겪으며 사느냐에 상관없이 우리 작전을 펼치기에 아주 좋은 적기(適期)이다. 너도 알다시피 이 족속들한테는 **끈기있게 버틴다**는 게 무척이나 힘든 일이거든. 꼬리를 무는 불행의 연속, 젊은 날 품었던 사랑과 희망의 점진적인 쇠락, 수없이 넘어져 이제는 만성이 되어 버린 유혹들을 앞으로도 영영 이길 수 없을 것만 같은 조용한(고통조차 느껴지지 않는) 절망, 우리가 그들의 삶에 만들어 낸 무미건조함, 역시 우리가 그에 대한 반응으로 교육시켜 놓은 모호한 원망, 이 모든 것들은 인간의 영혼을 마모시켜 소진케 할 절호의 기회를 제공한다.

이와 반대로 풍요로운 중년기를 보낼 경우에는 우리의 입지가 한층 더 확고해진다. 풍요로움은 인간을 세상에 엮어 놓거든. 풍요로운 중년기를 보내는 인간은 '세상에서 내 자리를 찾았다'고 생각하지. 사실은 세상이 자기 속에서 자리를 찾은 것인데도 말이야. 갈수록 높아지는 명성, 넓어지는 교제권, '나는 중요인물'이라는 의식, 열중할 수 있는 즐거운 일의 가중되는 압력 등은 '이 땅이야말로 편안히 안주할 수 있는 고향'이라는 인식을 심어 주는데, 이것이야말로 우리가 원하는 바다. 너도 알게 되겠지만, 일반적으로 중년층이나 노년층보다는 청년층이 죽음을 훨씬 덜 꺼리는 법이지.

원수가 이 하찮은 짐승들한테 영생을 주어서 자기의 영원한 세계에서 살 수 있게 했다는 것은 참으로 이상한 일이지만, 어쨌든 그는 인간들이 그 밖의 장소에서 고향처럼 편안한 느낌을 갖기가 쉽지 않도록 꽤나 효율적으로 대비해 두었다. 우리가 환자들의 장수를 빌어야 할 경우가 왕왕 있는 것도 다 이 때문이야. 천국과 뒤얽혀 있는 인간들의 영혼을 풀어 내서 이 땅에 단단히 묶어 놓는 고난도 작업을 수행하려면 설사 그들이 70년을 산다 해도 하루가 아쉬운 형편이거든.

젊은 시절에는 불쑥불쑥 옆길로 새 버리는 일이 흔한 법이라 명백한 종교에 대해서야 무지한 상태를 유지하게끔 수를 쓸 수도 있다만, 공상과 음악과 시라는 종잡을 수 없는 바람 — 어느 소녀의 얼굴이나 새 한 마리의 노래나 수평선의 풍경처럼 — 이라도 불라치면 우리가 세웠던 건물 전체가 날아가 버리는 불상사가 발생하고 만다. 젊은이들은 세속적 출세나 든든한 인맥, 안전제일주의 따위에 꾸준히 매진하려 들질 않는 게 탈이야. 천국을 갈망하는 젊은이들의 성향은 뿌리 깊은 고질병이니만큼, 이 단계에서 그들을 이 땅에 붙들어 맬 수 있는 최선의 방책은 정치나 우생학이나 '과학'이나 심리학이나 기타 등등의 힘으로 이 땅을 천국으로 만들 날이 오리라고 믿게 만드는 것 정도이다.

진정한 세속성은 시간의 작품이야. 물론 교만의 도움도 받긴 한다만. 우리는 조금씩 다가오는 죽음을 분별이니 성숙이니 경험 따위의 말로 표현하도록 교육한다. 특히나 우리가 교육해 놓은 특별한 뜻으로 쓰기만 한다면 **경험**이야말로 가장 쓸모 있는 단어 이지. 예전에 한 위대한 인간 철학자가 미덕에 관한 한 "경험은 착각의 어머니"라고 말하는 바람에 하마터면 비밀이 탄로날 뻔한 적이 있었지만, 유행의 변화와 역사적 관점에 힘입어 그 책의 해악을 대부분 무마시킬 수 있었다.

우리한테 시간이 얼마나 값진 것인가는 원수가 허용해 준 시간이 얼마나 짧은지를 보면 알 수 있어. 인간 중 다수는 유아기에 죽어 버리고, 그나마 살아남은 인간도 상당수 청년기에 죽고 만다. 원수한테 인간의 출생이란 죽을 수 있는 자격을 주는 것이기에 중요하고, 죽음이란 오직 다른 종류의 삶으로 들어가는 입구이기에 중요한 것이 분명하다. 그러니 우리는 인류 중에서도 선택된 소수에게만 공작할 기회를 허락받은 셈이야.

인간들이 '정상적인 수명'이라고 부르는 것도 알고 보면 상당한 예외에 해당한다. 원수도 틀림없이 자기 천국을 채울 인간 짐승들 가운데 몇 명 정도 — 그래도 아주 극소수에 불과하지 — 는 예순이나 일흔까지 지상의 수명을 누리면서 우리에게 저항하는 경험을 지니길 바란다. 우리는 이 점에서 기회를 찾아 내야 하는 게야. 기회가 적으면 적을수록 최대한 활용해야 하지 않겠느냐. 그러니 무슨 수를 써서라도 환자의 신변부터 안전하게 보살펴 주 도록.

너를 아끼는 삼촌,

*Screwtape*

# 29

사랑하는 웜우드에게

 독일의 인간들이 환자 동네를 폭격할 것이 확실한데다가 하필이면 환자가 가장 위험한 지역에서 임무를 수행하게 되었다니, 과연 어떤 전략을 세워야 좋을지 잘 생각해 봐야겠구나. 비겁하게 만들까? 아니면 용감하게 만들어서 교만을 유도해 볼까? 독일인들을 증오하게 만드는 건 어떨까?

 글쎄다, 아무리 생각해도 그 인간을 용감하게 만들려고 애쓰는 건 별 도움이 될 것 같지 않구나. 우리네 조사국은 **단 하나**의 미덕에 대해서도 아직까지 그 생산법을 찾아 내지 못했다(매번 성공이 기대되긴 한다만). 이건 심각한 장애가 아닐 수 없어. 위대하고 유능한 악한이 되려면 미덕이 필요한 법이니까. 아틸라[21]에게 용기가 없었거나 샤일록[22]에게 금욕의 정신 — 육체에 관한 한 — 이 없었다면 어떻게 되었겠느냐? 우리한테는 이런 자질들을 직접 공급할 능력이 없어. 다만 원수가 준 자질들을 이용할 수 있을 뿐이지. 이 말은 인간들 속에 원수가 딛고 설 발판이 아직도 남아 있다는 뜻이다. 그렇지만 않더라도 인간들을 확실히 확보해 놓을 수 있을 텐데. 몹시 불만스러운 사태가 아닐 수 없으나, 언젠가는 상황을 호전시키는 법을 배울 날이 오리라 믿는다.

증오는 우리도 그럭저럭 만들어 낼 수 있다. 소음이나 위험이나 피곤에 처했을 때 인간의 신경은 팽팽하게 긴장되면서 격렬한 감정에 빠져들기 쉬운 상태가 되지. 우리는 이런 예민함이 제 길을 찾아 흘러가도록 방향만 잡아 주면 돼. 혹시 환자가 양심의 저항에 부딪치거든 혼동을 일으켜 버리거라. 자기가 증오심을 품는 건 자기 자신을 위해서가 아니라 여자들과 아이들을 위해서이며, 원수를 용서하라는 기독교의 가르침도 자기의 개인적 원수에 해당되는 것이지 다른 사람의 원수에게는 해당되지 않는다고 생각하게 하라구. 이걸 다른 말로 하면, 환자는 대신 증오를 느껴 주는 정도까지는 여자나 아이들과 자신을 동일시하지만, 그들의 원수를 곧 자신의 원수로 여겨 용서하는 정도까지는 동일시하지 못했다는 소리가 되는 게야.

---

21) Attila. 잔인하기로 유명했던 5세기 훈족의 왕.
22) Shylock. 셰익스피어(William Shakespeare)의 희극 〈베니스의 상인〉에 나오는 고리 대금업자.

하지만 증오는 뭐니뭐니해도 두려움과 섞어 놓았을 때가 최고다. 비겁함은 그 어떤 것보다 순수하게 고통스러운 악덕이지. 미리 생각할 때도 끔찍스럽고, 막상 겪을 때도 끔찍스럽고, 나중에 뒤돌아볼 때도 끔찍스럽거든. 증오에는 그래도 쾌락이 따르기 때문에, 겁에 질린 사람은 공포의 참담함을 상쇄하기 위해 증오라는 보상물을 애용하는 법이다. 따라서 두려움이 강할수록 증오도 심해지게 마련이지. 증오는 수치심에도 훌륭한 해독제 노릇을 해준다. 그러니 환자의 사랑에 깊은 상처를 내려면, 놈의 용기부터 꺾고 볼 일이야.

이건 꽤 까다로운 작업이다. 대부분의 악덕은 인간들이 드러내 놓고 자랑하도록 만들었건만, 비겁함만큼은 그렇게 못 했거든. 성공을 목전에 두었을 때마다 원수가 전쟁이나 지진처럼 잡다한 재해들을 일으키는 바람에, 용기라는 미덕의 아름다움과 중요성이 인간들의 눈에도 한순간에 확연히 드러나 보이면서 그 때까지 쏟아부은 우리의 수고를 물거품으로 만들어 버리곤 했지. 그 결과 인간이 온전히 부끄러움을 느끼는 악덕이 최소한 하나는 남게 된 게야. 따라서 환자들에게 비겁함을 유발하려 할 때 경계해야 할 점은, 그 과정을 통해 인간이 참으로 자신을 알게 되고 혐오하게 됨으로써 결국 회개와 겸손으로 돌아서는 사태를 막아야 한다는 것이다.

실제로 최근의 전쟁만 보아도, 수천 명의 인간들이 자신의 비겁함에 새삼 눈을 뜨면서 생전 처음으로 온전한 도덕의 세계를 발견하는 일이 벌어졌지. 평화시에는 수많은 인간들이 선과 악을 아예 무시하도록 만들 수가 있어. 그러나 위기시에는 선악의 문제가 불 보듯 훤하게 드러나는 통에, 아무리 날고 기는 우리라 한들 인간들의 눈을 가릴 길이 없다.

우리 앞에 놓인 잔혹한 딜레마는 바로 이 때문에 생기는 게야. 인간들 틈에 정의와 사랑을 부추기자니 원수의 놀음에 장단 맞추는 격이 되겠고, 그 반대의 행동으로 이끌자니 조만간 전쟁이나 혁명이 일어날 테고(원수는 이걸 허용한다) 비겁함이냐 용기냐 하는 문제가 어떤 미사여구나 가장(假裝)으로도 가릴 수 없을 만큼 불거져 나와 수천만의 인간들을 도덕적 마비상태에서 깨워 놓을 테니 말이야.

참으로 이것이야말로 원수가 위험으로 가득 찬 세계를 창조한 동기 중 하나가 아닌가 싶다. 그런 세계라야 실제로 도덕적인 문제들이 핵심 사안으로 등장할 수 있으니까. 용기란 단순히 수많은 미덕 가운데 하나가 아니라, 시험의 순간, 즉 가장 첨예한 현실과 마주치는 순간에 모든 미덕이 하나같이 취하는 형태라는 사실을 원수도 너만큼이나 잘 알고 있다. 위험에 굴복하는 순결이나 정직이나 자비는 조건부의 순결이나 정직이나 자비에 불과해. 빌라도도 위기가 닥치기 전까지는 자비로운 인간이었지.

그러므로 환자를 겁쟁이로 만들었을 때 얻는 것만큼 잃는 것도 많다는 걸 기억하거라. 자기 자신에 대해 너무 많은 것을 알게 될지도 모르니까! 물론 수치심을 마비시키는 대신 오히려 자극함으로써 절망을 만들어 낼 기회도 얼마는지 있다. 이렇게만 된다면야 그야말로 위대한 승리라 할 수 있지. 다른 죄들을 이미 용서받았다고 믿고 받아들였던 것도 사실은 그 죄성을 충분히 느끼지 못한 탓이라고 생각할 테고, 그렇다고 치욕의 깊이를 진정으로 깨닫게 된 악덕에 대해서는 원수한테 자비를 구할 수도, 의뢰할 수도 없는 지경이 되어 버릴 테니 말이다. 다만 네가 방심한 사이 환자가 원수 쪽에 너무 깊숙이 발을 들여놓은 작금의 상황을 볼 때, 절망을 일으키는 죄보다는 절망 그 자체가 더 큰 죄라는 점을 알고 있지는 않을까 걱정이 되는구나.

비겁해지도록 유혹하는 실제 기술에 대해서는 많은 말이 필요치 않다. 요점만 말하자면, 경계심은 외려 두려움을 가중시키는 경향이 있어. 그러나 공적인 명령으로 부과되는 경계심은 머지않아 늘상 수행하는 뻔한 임무가 되는 법이니 이런 효과를 만들어 내기가 어렵지. 그러니 네가 해야 할 일은, 환자가 임무의 틀을 벗어나지 않는 **한도 내에서** 조금이라도 안전하게 살아남기 위해 할 수 있는 일과 할 수 없는 일에 대한 막연한 생각을 끊임없이 계속하도록(한편으로는 임무를 수행하겠다는 의지도 의식적으로 다지면서) 만드는 것이다. 간단한 규칙('나는 여기 남아서 이런이런 일들을 해야만 한다')은 잊어버린 채, 일련의 생명선('A 사태가 발생한다면 — 물론 그런 일이 일어나지 않기를 간절히 바라지만 — B를 할 수 있다 — 그런데 혹시 최악의 사태가 연속된다면 — 그래도 C를 하면 된다)을 상상하도록 만들거라.

미신에 기대는 마음을 일깨우는 방법도 있지. 환자야 물론 자기는 미신에 기대는 게 아니라고 하겠지만 말이야. 요점은 원수 자신과 그가 공급해 준 용기 말고도 **기댈 곳**이 있다고 느끼게 하는 데 있다. 그러면 이런 사소하고도 무의식적인 유보사항들 때문에, 임무에 전적으로 헌신해야 할 곳이 벌집처럼 숭숭 뚫려 버릴 게야. 너는 '최악의 사태가 연속되는' 사태를 막기 위한 가상의 연속조치들을 세우게 함으로써, 환자가 의식하지 못하는 의지의 차원에서 '그런 최악의 사태가 연속적으로 **일어나지 않게 하겠다**'는 결의를 다지게 할 수 있다. 이렇게 해 놓으면 환자가 진짜 공포를 느끼는 순간, 그 공포를 놈의 신경과 근육에 들이부어 치명적인 행동을 하게끔 유도할 수 있지. 물론 환자가 네 작전을 눈치채기 전에 손을 써 놔야지.

명심하거라. 중요한 것은 공포 자체가 아니라 비겁한 **행동**이야. 공포의 감정 그 자체는 죄가 아닐뿐더러, 보기엔 즐거워도 소득은 별로 없다.

너를 아끼는 삼촌,

*Screwtape*

## 30

사랑하는 웜우드에게


　가끔 너를 보면 저 혼자 재미보라고 세상에 보낸 줄 아나 싶다. 최근에 수집한 정보로는, 그것도 네 한심스러운 반푼이 보고서가 아니라 지옥 경찰을 통해 알게 된 사실이다만, 첫 공습 때 나타난 환자의 행동이 그야말로 최악이었더구나. 너무나 무서웠던 나머지 스스로 엄청난 겁쟁이라고 생각했고, 따라서 교만이 파고들 여지가 없었으며, 그 와중에도 맡은 바 소임은 물론 그 이상의 일을 완수해 냈다면서.

　이런 재앙이 일어나고 있는 판국에 네가 그나마 잘한 일이라는 게 고작 개한테 발이 걸려 넘어질 때 벌컥 화내게 만든 것 한 번, 담배를 과하게 피우게 만든 것 몇 번, 기도를 까먹게 만든 것 한 번이 전부라니 할 말이 없다. 그러면서 나한테 일이 어렵다고 징

징 짜면 어쩌겠다는 거냐? 이렇게 원수의 개념에 해당하는 '정의'를 들먹여가며 네 상황과 의도를 참작해 달라고 계속 조를 시에는, 이단의 죄목으로 기소되지 않으리라 보장할 수가 없어. 아무튼 너도 머지않아 지옥의 정의란 순수하게 현실주의적인 것으로서, 오직 결과만을 고려한다는 사실을 알게 될 게다. 그러니 우리한테 먹이를 도로 가져와. 아니면 네가 먹이가 되든지.

네 편지에서 유일하게 건설적인 부분은, 아직은 환자의 피로에서 좋은 결과를 기대할 게 있다는 대목뿐이었다. 그거야 충분히 기대를 가질 만한 부분이지. 하지만 네깟놈 솜씨로는 어림도 없다. 피로는 극도의 온유함과 마음의 평정과 심지어 비전 같은 걸 만들어 낼 수도 있으니 말이야. 피로가 분노와 악의와 조바심으로 인도되는 경우도 종종 있다만, 그건 모두 유능한 유혹자들이 달라붙은 덕분이지.

역설적이지만, 짜증을 일으키기에는 완전히 기진맥진한 상태보다는 적당한 피로가 더 좋은 토양이 되는 법이야. 이건 육체적인 원인 때문이기도 하지만, 부분적으로는 다른 원인도 있지. 인간은 단지 피로하다고 화를 내는 게 아니라, 피로한 상태에서 예기치 못한 요구를 받을 때 화를 내거든. 기대하는 바가 무엇이든 간에, 시간만 좀 지나면 자기는 당연히 그런 기대를 할 권리가 있다고 생각해 버리지. 그러니 우리 쪽에서 아주 약간만 솜씨를 부린다면 기대가 충족되지 못했다는 실망감을, 권리를 침해당했다

175

는 피해의식으로 쉽게 바꿀 수 있다 이 말이야. 마음을 겸손하게 만드는 부드러운 피로감이 찾아올 위험은, 오히려 환자가 더 이상 돌이킬 수 없는 상황에 두 손을 든 이후, 구원의 희망을 포기한 채 반시간 앞도 미리 생각할 수 없는 상태가 된 이후에 찾아오는 게야.

그러니 환자의 피로에서 최선의 결과를 얻고 싶으면, 먼저 거짓 희망을 불어넣거라. 공습이 재개되지 않을 거라는 그럴싸한 이유들을 놈의 머리 속에 밀어 넣으라구. 내일 밤이면 편안한 잠자리를 실컷 즐길 수 있으리라 생각하며 스스로 위로하게 해. 모든 일이 곧 끝날 거라는 생각을 불어넣어서 피로감을 과장하거라. 인간들은 긴장된 상황이 실제로 끝나는 순간, 또는 스스로 끝났다고 생각하는 그 순간, '이제 더 이상은 버틸 수 없다'고 느끼게 마련이다.

비겁함을 다룰 때와 마찬가지로 이번에도 역시 전적으로 헌신하는 사태는 피해야 해. **입으로야** 뭐라고 떠들든 상관없다. 마음속으로만, 앞으로 무슨 일이 닥치든 '적당한 기간 동안' 견디겠다고 결심하게 하면 돼. 물론 그 '적당한 기간'은 실제로 시련이 지속되는 시간보다야 짧아야겠지. 그렇다고 **너무** 짧을 필요는 없다. 인내와 순결과 강건함을 공격하는 재미는 구원이 코앞에 이르른 그 순간(인간이야 이 순간이 언제인지 알 리가 없지)에 환자를 굴복시키는 데 있으니까.

환자가 긴장된 상태에서 그 아가씨를 만나려 들지 모르겠구나. 혹시라도 만나거든, 피로라는 게 어느 정도까지는 여자를 수다스럽게 만드는 반면 남자의 말수는 오히려 줄인다는 사실을 십분 활용하거라. 아무리 애인 사이라 해도 이런 문제로 얼마든지 은근한 분노가 쌓일 수 있지.

지금 환자가 목도하고 있는 장면들은 그의 신앙에 지적 공격을 감행할 만한 재료가 되지 못할 게다. 이전에 네가 저지른 실수들을 볼 때, 이건 네 능력을 넘어서는 일이야. 하지만 감정을 공격하는 일 정도는 시도해 볼 만하지. 뭉개진 시체의 흔적이 벽에 남아 있는 광경을 처음 본 순간, 이것이야말로 '세상의 **실제** 모습'이며 자신이 그 동안 믿어 온 종교는 모두 환상에 불과하다는 느낌을 줄 수만 있다면 성공 가능성이 있다.

너도 알겠지만 우리는 '실제'의 뜻에 관해 인간들이 오리무중 속을 헤매게 만들어 놓았다. 인간들은 대단한 영적 경험을 나누면서도 "**실제**로는 불 켜진 건물 안에서 음악소리가 좀 들린 것이 전부야"라고 하는데, 이 때의 '실제'란 그들이 진짜 겪었던 체험의 다른 요소들과 철저히 분리된, 있는 그대로의 물리적 사실만을 가리키지. 그런데 다른 한편으로 "안락의자에 앉아 고공 다이빙에 관해 논하는 것도 좋지만, 다이빙대에 서서 **실제**로 어떤 기분인지 알아 보는 게 어때"라고도 하거든. 이 때 '실제'란 앞서와는 정반대의 뜻으로서, 물리적 사실들 자체가 아니라(물리적 사실이야 안락의자에 앉아서 탁상공론할 때도 이미 알고 있는 거니까) 그런 물리적 사실들이 인간의 의식에 끼칠 정서적 효과를 가리키는 게야.

이 두 가지 용례는 그 나름대로 다 일리가 있다. 그러나 우리가 해야 할 일은 이 두 가지 뜻을 한꺼번에 적용시킴으로써 '실제'라는 말의 정서적 가치를 우리 입맛대로 그때 그때 바꾸어 놓는 거야. 우리가 인간들 틈에 꽤 확실히 자리잡아 놓은 일반적 규칙은, 인간을 더 행복하게 해 주고 향상시켜 주는 경험에서는 오직 물리적 사실만이 '실제'이며 영적인 요소들은 모두 '주관적'이라는 것이다. 반면에 인간을 좌절시키고 타락시키는 모든 경험에서는 영적인 요소들이 주된 '실제'로서, 그 요소들을 무시하는 인간은 현실도피주의자가 되고 말지.

따라서 아이를 낳을 때는 피와 고통이 '실제'가 되고, 출산의 기쁨은 주관적인 관점에 불과한 것이 되어 버린다. 거꾸로 죽음을 맞이할 때는 공포와 추함이 죽음의 '실제' 의미를 나타내게 되지. 또 우리는 미운 사람의 밉살스러움은 '실제'로서 인간을 미움 속에서 볼 때만이 그 참모습을 알 수 있으며 환상에서 벗어나게 된다고 가르친 반면, 사랑하는 사람의 사랑스러움은 성적 취향이나 경제적 이해관계라는 '실제' 핵심을 가리는 주관적인 안개에 불과하다고 가르쳤다. 이 관점에서 보면 전쟁과 가난은 '실제'로 끔찍하다. 하지만 평화와 풍요는 인간이 어쩌다가 특별한 감상을 느끼게 된 물리적 사실에 불과하다.

인간이란 족속들은 상대방이 '꿩도 먹고 알도 먹으려 한다'고 서로간에 날마다 비난을 일삼고 있지만, 우리의 수고 덕분에 이제는 돈만 내고 꿩은 먹지도 못하는 처지에 자주 빠져들고 있다. 네가 손만 잘 쓴다면 환자 역시 인간의 내장이 튀어나온 걸 보고 느끼는 감정은 '실제'의 계시로 여기면서도, 행복한 아이들이나 맑은 날씨 앞에서 느끼는 감정은 단순한 감상으로 치부하는 데 전혀 어려움을 느끼지 않게 될 게야.

너를 아끼는 삼촌,

*Screwtape*

# 31


사랑하는, 너무나 사랑하는 웜우드, 내 귀여운 것,

언제나 소중한 존재에게


모든 것이 허사가 되어 버린 이 시점에 찔끔찔끔 눈물을 짜며 찾아와서는 이제껏 너한테 했던 다정한 말들이 처음부터 빈말이 아니었느냐고 묻다니, 몰라도 어쩌면 그리 모를 수가 있느냐. 빈말이라니, 그 무슨 소리! 마음 푹 놓거라. 너를 향한 내 사랑과 나를 향한 네 사랑은 한 치 어긋남 없이 똑같으니까. 네가 항상 나를 갈구했듯이(가엾은 바보 같으니) 나 또한 항상 너를 갈구했단다. 차이가 있다면 내가 더 강하다는 것뿐. 이제 그들이 너를 내게 넘겨 주겠지. 최소한 일부분이라도. 너를 사랑하느냐고? 사랑하고 말고. 나를 살찌워 줄 맛있는 먹이를 사랑하지 않을 리 있겠느냐.

너는 다 잡은 영혼 하나를 허무하게 놓쳐 버렸다. 그 영혼을 놓

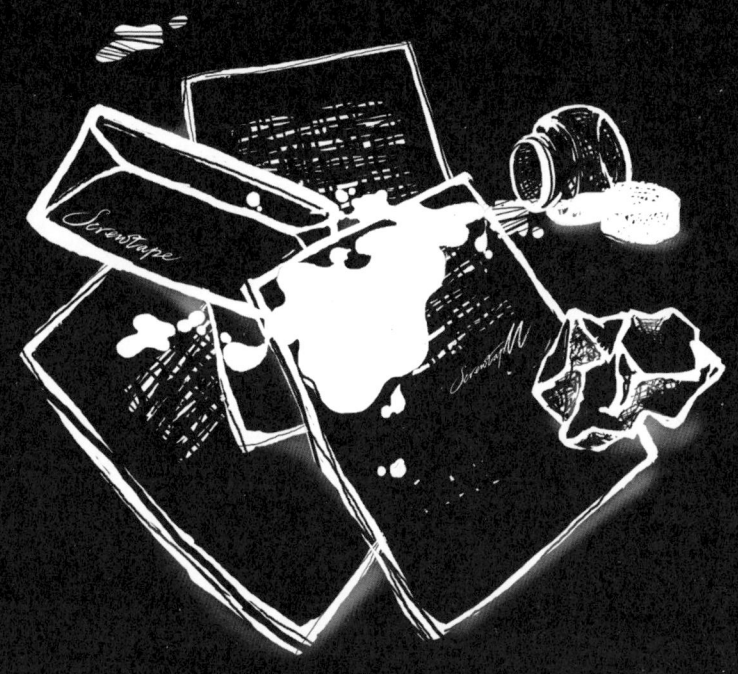

너는 다 잡은 영혼 하나를 허무하게 놓쳐 버렸다!

침으로써 한층 절박해진 기아의 울부짖음은 지금 이 순간에도 소음왕국 전 차원에 공명하며 지옥 보좌에까지 울려퍼지고 있다. 생각할수록 미치겠구나. 놈들이 네 손에서 환자를 낚아채는 순간 어떤 일이 일어났을지 보지 않아도 뻔하다! 널 처음으로 본 순간 환자의 두 눈이 갑자기 환해지면서(그렇지 않더냐?) 네가 이제껏 자기 속에서 어느 부분을 차지하고 있었는지 깨닫는 동시에 이제 더 이상 그 어느 곳도 차지할 수 없게 되었다는 걸 알아챘겠지.

그 순간 놈의 기분이 어땠을지 생각 좀 해 봐라(이걸 앞으로 겪을 고통의 시작으로 삼으면 되겠구나). 오랜 상처에서 딱지가 떨어져 나간 듯, 조개껍데기처럼 흉측한 허물을 벗은 듯, 젖은 채 몸에 착 달라 붙어 있던 더러운 옷을 영원히 벗어던진 듯 시원했을 게다. 제기랄, 세상에서도 인간들이 더럽고 불편한 옷을 벗어던지고 뜨거운 물 속에 풍덩 들어가 기분 좋은 신음 소리를 나지막이 내뱉을 때마다 — 사지를 축 늘어뜨리고서 말이지 — 심사가 뒤틀려 죽을 지경이었는데, 하물며 이렇게 궁극적으로 다 벗어던진 채 완전하게 씻는 꼴을 보게 되다니!

생각할수록 점입가경이다. 놈이 그렇게 쉽게 빠져나갈 줄이야! 점차 불안이 쌓여 왔던 것도 아니고, 앞으로 얼마 못 산다는 의사의 선고를 받은 것도 아니며, 요양원에 가게 된 것도, 수술을 하게 된 것도, 더 살 수 있으리라는 헛된 희망을 품었던 것도 아니면서, 그렇게 순전하고도 즉각적인 해방을 얻게 되다니. 잠깐 동안은 세상이 온통 우리 것 같았다. 폭탄의 굉음, 무너지는 집들, 입술과 허파로 스며드는 고성능 폭약의 맛과 냄새, 지칠 대로 지쳐 화끈거리는 발, 공포로 새파랗게 질린 심장, 어찔어찔한 머리, 욱신거리는 다리. 그런데 다음 순간, 마치 다시는 떠올릴 필요 없는 나쁜 꿈에서 깨어난 것처럼 이 모든 게 온데간데 없이 사라지고 만 게야. 이렇게 허를 찔려 패하고 말다니, 이 바보천치!

흙에서 나온 그 버러지가 얼마나 자연스럽게 — 마치 원래 이렇게 되기 위해 태어나기라도 한 양 — 새로운 삶으로 들어갔는지 똑똑히 봤느냐? 지금껏 품었던 의심들이 눈 깜짝할 사이에 우스갯거리로 변하는 꼴을 봤느냐고? 놈이 어떻게 혼잣말을 했을지 알 만하다! "그래, 맞아. 늘 이런 식이었지. 모든 공포는 똑같은 경로를 거친다. 처음엔 악화일로를 치달으며 병목같이 좁다란 궁지로 밀려들어가지만 막상 '끝장이다' 하는 그 순간! 보란 듯이 병목에서 빠져 나오면서 모든 게 갑자기 순조로워지는 거야. 이를 뽑을 때도 통증이 점점 심해지다가 한순간에 끝나 버리잖아. 꿈도 악몽으로 변하는 순간 깨게 되어 있지. 사람도 죽고 죽으면 죽음을 넘어서게 되는 거야. 그 동안 어떻게 이런 걸 의심할 수 있었을까?"

환자는 너를 본 순간, '그들'도 보았겠지. 어떤 상황이 벌어졌을지 훤하구나. 너는 그들 앞에서 눈도 못 뜬 채 현기증으로 비틀거렸겠고, 환자가 폭탄으로 입은 상처보다 더 깊은 상처를 입었을 테지. 이렇게 치욕스러울 데가! 영적 존재인 네놈도 벌벌 기는 판국에, 흙과 진창에서 태어난 버러지가 그 영들 앞에 꼿꼿이 선 채 대화를 나누다니.

너는 네놈이 느낀 그 낯선 경외감이 환자의 기쁨에도 찬물을 끼얹었으면 하고 바랐겠지. 그러나 빌어먹을 사실은, 인간의 눈에는 신들이 낯설면서도 낯설지 않게 느껴진다는 게야. 놈은 신을 만나기 직전까지만 해도 신이 어떻게 생겼는지 전혀 감을 잡지 못했을 뿐 아니라, 심지어 그 존재 자체까지 의심했다. 그런데 막상 신들을 만나는 순간, 자기가 처음부터 그들을 알고 있었다는 사실을 알게 되었고 자기 혼자라고 생각했던 수많은 삶의 시간 시간마다 그들이 어떤 역할을 해 주었는지도 깨닫게 되었단 말이다. 그래서 그들에게 일일이 "당신은 **누구시죠?**"라고 묻는 게 아니라 "바로 **당신이었군요**"라고 말할 수 있었던 거야.

이 만남에서 접하게 된 영들의 모습과 말들은 놈의 오랜 기억들을 일깨웠을 거다. 아기 때부터 고독한 순간마다 경험했던 느낌, 어떤 친구들이 자기 주변에 함께 있어 주는 듯한 그 아련한 느낌이 어떤 것이었는지 드디어 이해가 되었겠지. 모든 순수한 경험 속에 내재해 있었지만 기억 속에 잡아둘 수 없었던 그 중심의 음악을 마침내 복원하게 되었을 거라구. 이런 깨달음은 놈의 시체가 경련을 멈추기도 전에, 그 영들과 자유롭게 사귈 수 있게 해 주었다. 너만 밖에 남겨 둔 채.

놈은 '그들'만 본 게 아니야. '그'도 보았다. 한갓 짐승이, 침대에서 태어난 그 버러지가 원수를 똑바로 봤다구. 네 눈을 멀게 하고 네 숨을 틀어막는 그 불길이 그에게는 시원한 빛이요 명징함 그 자체로 인간의 형상을 입고 나타났단 말이다. 환자가 그 임재 앞에 엎드려 자신을 혐오하며 자기 죄를 낱낱이 인식하고(그래, 웜우드 너보다 더 분명히 인식했을 게다) 고백하는 걸 보았을 때, 할 수만 있었다면 천국의 중심부에서 불어오는 치명적인 공기와 부딪칠 때마다 네놈이 느끼는 그 숨막히는 느낌, 마비되는 듯한 느낌과 유사한 현상으로 해석하고 싶었겠지. 하지만 그건 터무니없는 생각이다.

설사 환자가 계속해서 고통을 겪어야 한다 하더라도, 그는 그 고통을 기꺼이 **끌어안을걸**. 그 고통을 이 땅의 어떤 쾌락과도 바꾸려 들지 않을 게다. 네가 한때 유혹의 무기로 삼을 수 있었던 감각적, 정서적, 지적 즐거움은 물론, 미덕 그 자체가 주는 즐거움도 이제 환자에게는 메스껍기 그지 없는 유혹으로 보일 게야. 평생 사랑했던 여자가 죽은 줄만 알았더니 사실은 살아 있을 뿐 아니라 지금 바로 문 앞에 와 있다는 소식을 막 들은 남자한테, 시뻘건 연지를 덕지덕지 바른 창녀의 유혹이 어떻게 느껴지겠느냐? 환자는 고통과 쾌락이 유한한 가치를 뛰어넘은 세계, 우리의 산수(算數)가 먹혀들지 않는 세계로 휩쓸려 들어간 게야.

여기서 우리는 다시 한 번 불가사의와 마주친다. 네놈처럼 아무짝에도 쓸모없는 유혹자들이 우리의 제일 가는 재앙이라면, 그 다음으로 큰 재앙은 바로 정보국의 실패다. 원수의 진짜 속셈을 알아 낼 수만 있다면! 아, 슬프기 그지 없구나. 그 자체만으로도 혐오스럽고 느끼한 그 앎이야말로 절대권력을 쟁취하는 데 없어서는 안 될 조건이라니! 가끔씩 나는 거의 자포자기하는 심정이 되곤 한다. 이 순간 나를 지탱해 주는 것이라곤 얼빠진 헛소리나 사탕발림을 거부하는(어떠한 유혹에도 불구하고) 우리의 현실주의가 끝내 승리하고 말리라는 확신뿐. 하지만 그 전에 네놈부터 처리해 놓고 봐야겠지.

　진심을 다해 친히 서명하는 바,


　　　　너를 더더욱 게걸스레 탐내며 아끼는 삼촌,

　　　　　　　*Screwtape*

이 서문은 《스크루테이프의 편지》(The Screwtape Letters)에 〈스크루테이프, 축배를 제안하다〉(Screwtape Proposes a Toast)를 덧붙여 출간한 미국 맥밀런 사의 1961년 판을 위해 C. S. 루이스가 새로이 쓴 것으로, 이종태 씨(기독교 영성학 Ph. D. 《순전한 기독교》, 《고통의 문제》, 《네 가지 사랑》 등 번역)가 번역했습니다. 〈스크루테이프, 축배를 제안하다〉는 《세상의 마지막 밤》(홍성사)에 수록되어 있습니다.

# 1961년판 서문

〈스크루테이프의 편지〉가 '가디언'지(*The Guardian*)에 게재된 것은 제2차 세계대전이 벌어지고 있던 와중이었다. '가디언' 지는 그 후에 폐간되었다. 행여 나의 글이 그 잡지의 폐간을 재촉하지 않았기를 바라지만, 적어도 한 명의 구독자는 잃은 것이 분명하다. 어느 시골 목회자 한 분이 편집자에게 편지를 보내 "이 편지에 담긴 많은 조언들은 그릇된 것들일 뿐 아니라 확실히 악마적"이라는 이유로 구독을 취소하겠다고 했다니 말이다.

그러나 대체적으로는 내가 생각지도 못했던 대대적인 반응을 얻었다. 상찬을 아끼지 않는 서평도 있었고 대단한 반감으로 가득 찬 서평도 있었는데, 이런 반감은 작가가 표적을 제대로 맞추었다는 것을 나타내 주는 증거였다. 이 책은 출간과 동시에 엄청난 판매량(나의 기준으로 볼 때)을 기록했으며, 꾸준히 인기를 유지했다.

물론 책이 많이 팔렸다고 해서 저자가 마냥 좋아할 수 있는 것은 아니다. 일례로, 영국의 성경 판매량을 기준으로 영국인들의 성경 독서량을 계산한다면, 그야말로 큰 오산이 아닐 수 없다. 규모는 작지만 〈스크루테이프의 편지〉의 판매량에도 이와 비슷하게 의심스러운 구석이 있다. 이 책은 대자(代子)에게 선물할 책이나 피정 기간에 낭독할 책으로 쓰이고 있다. 심지어 손님용 침실 한쪽에서 〈길 고치는 사람〉, 〈존 잉글선트〉, 〈꿀벌의 생활〉 같은 책들과 더불어 마냥 한적한 삶을 누리고 있는 것을 보고 씁쓸한 웃음을 지은 적도 여러 번 있었다. 때로는 이보다 더 보잘것없는 용도로 팔리는 경우도 있다. 내가 아는 어떤 여자분이 병원에 입원한 적이 있었는데, 자기 탕파(더운 물을 채워 자리 밑에 넣어 두는 그릇-역주)를 채워 준 견습 간호사가 〈스크루테이프의 편지〉를 읽었다는 사실을 알게 되었다고 한다. 그런데 그 귀여운 아가씨가 이 책을 읽은 이유는 다음과 같았다.

"면접시험 볼 때 업무와 관련된 정식 질문이 끝나면 일반적으로 어떤 것에 관심이 있느냐고 묻는 경우가 있대요. 그럴 때 그즈음에 읽고 있는 책에 대해 몇 마디 하는 게 가장 좋다더군요. 그러면서 요즘 꽤 잘 팔리는 책 열 권 정도를 추천해 주었어요. 그 중에서 최소한 한 권 정도는 읽어 두라고 하면서요."

"그런데 왜 〈스크루테이프의 편지〉를 골랐나요?"

"더 생각할 것도 없었죠. 그 책이 제일 얇았거든요."

이런 독자들도 있지만 진정한 독자들도 아주 많기 때문에, 나는 이 책이 그들의 마음에 불러일으킨 몇 가지 의문들에 대해 답변하는 것이 마땅하다고 생각했다.

가장 흔한 질문은 내가 정말로 '악마'(the Devil)를 믿느냐는 것이다. 만일 그 '악마'가 '하나님처럼 영원하고 자존적이되, 하나님과 반대가 되는 권세자'를 뜻하는 것이라면, 내 대답은 분명 '아니오'이다. 하나님 외에 영원하고 자존적인 존재란 있을 수 없다. 하나님과 반대가 되는 존재도 있을 수 없다. 그 어떤 존재도 하나님의 완전한 선에 대적하는 '완전한 악'을 얻을 수 없다. 어떤 존재에게서 온갖 종류의 선(지성, 의지, 기억력, 에너지, 존재 그 자체)을 전부 제거해 버린다면, 남는 것이 하나도 없을 것이기 때문이다.

따라서 정말 악마를 믿느냐고 묻기보다는 악마들(devils)을 믿느냐고 묻는 것이 더 적절한 질문이다. 그 질문에 대한 내 대답은 '그렇다'이다. 나는 천사들의 존재를 믿으며, 그들 중 일부가 자유의지를 잘못 사용하여 하나님의 적이 되었고, 따라서 인간의 적이 되었음을 믿는다. 이렇게 타락한 천사들을 우리는 '악마들'이라고 부른다. 악마들은 선한 천사들과 본질이 아예 다른 존재가 아니라, 그 본질이 부패한 존재들이다. 악인이 선인의 반대이듯이 **악마**는 **천사**의 반대이다. 악마들의 지도자 내지 독재자인 사탄은, 하나님과 반대되는 존재가 아니라 미가엘과 반대되는 존재인 것이다.

나는 이것을 내 교의(教義)의 일부로서가 아니라 내 견해 가운데 하나로 믿고 있다. 그러니 설령 이 견해가 잘못된 것으로 판명난다고 해도 내 신앙 자체는 무너질 염려가 없는 것이다. 그런 일이 생기기 전까지는 — 부정적(否定的)인 증거는 손에 넣기가 힘든 법이다 — 이 견해를 그대로 견지할 생각이다. 내가 볼 때 이 견해는 상당히 많은 사실들을 설명해 주는 것 같다. 이 견해는 성경의 명백한 의미와 기독교 세계의 전통, 그리고 거의 모든 시대, 거의 모든 사람들이 가지고 있던 신념들과 일치한다. 게다가 이 견해는 현재까지 과학이 사실로 입증한 그 어떤 지식과도 전혀 충돌하지 않는다.

'선한 천사든 악한 천사든 천사의 존재를 믿는다는 것이 곧 예술이나 문학에서 그리고 있는 모습 그대로 믿는다는 것은 아니다'라는 사실을 굳이 덧붙일 필요가 없을 것 같지만, 사실은 덧붙일 필요가 있다. 흔히 악마는 박쥐의 날개를 달고 있는 모습으로 묘사하고 천사는 새의 날개를 달고 있는 모습으로 묘사하는 것은, 도덕적으로 타락할 경우 깃털이 박쥐의 날개처럼 막피 조직으로 변할 것 같다고 생각해서가 아니라 대부분의 사람들이 박쥐보다는 새를 더 좋아하기 때문이다. 사람들은 지적인 에너지를 가지고 아무런 구애 없이 빠르게 움직이는 그들의 신속성을 암시하기 위해 날개를 달아 주었다. 그리고 우리가 아는 유일한 이성적 존재가 인간이므로 인간의 모습을 부여했다. 우리의 경험을 넘어서는 생물체든지 비물질적 존재든지, 영적 자연 질서 속에서 우리보다 더 높은 위치에 있는 피조물을 어쨌든 재현해 내려면 상징을 사용할 수밖에 없다.

악마나 천사의 형태도 상징적인 것이다. 사고할 줄 아는 사람들은 이것이 상징에 불과하다는 것을 늘 인식하고 있었다. 고대 그리스인도 실제로 신들이 자신들이 만들어 놓은 조각상들처럼 선남선녀의 모습을 하고 있으리라고는 믿지 않았다. 그들의 시(詩)에는 신이 인간들에게 일시적으로 '나타나려고' 할 때 인간의 모습을 가장했다고 쓰여 있다. 기독교의 신학도 천사의 '나타남'을 거의 언제나 그와 같은 방식으로 설명해 왔다. 5세기의 신학자 디오니시우스(Dionysius)는 영들이 진짜 날개를 단 인간처럼 생겼을 거라고 믿는 것은 어리석음의 소치일 뿐이라고 했다.

조형미술의 역사를 살펴보면, 천사에 대한 상징이 꾸준히 변질되어 온 것을 알 수 있다. 안젤리코 수사(Fra Angelico)가 묘사한 천사들의 얼굴과 몸짓에서는 천국의 평화와 위엄이 느껴진다. 그러나 라파엘(Raphael Sanzio)에 이르러서는 벌거벗은 통통한 아기의 모습으로 바뀌어 버린다. 그러다가 19세기 예술에는 여리고 가냘프고 앳된 위로의 천사가 등장하게 되는데, 무척이나 여성적인 이 천사는 순전히 힘이라고는 하나도 없어 보이는 그 모습 — 이슬람교의 낙원에 사는 불감증 걸린 미녀 같은 모습 — 덕분에 관능적 여성상이 될 위험을 면할 수 있었다. 이런 것들은 해로운 상징이다. 성경에 따르면 천사의 방문은 언제나 두려움을 불러일으켰기 때문에, 천사들은 "두려워 말라"는 말부터 해야 했다. 그런데 빅토리아 시대에 만들어진 천사들은 마치 "오냐, 오냐"라고 말할 듯한 인상을 준다.

문학적 상징들은 쉽게 상징으로 인식되지 않기 때문에 더 위험하다. 가장 좋은 것은 단테(Dante Alighieri)의 상징이다. 그가 묘사하는 천사들 앞에 우리는 경외감으로 엎드리게 된다. 러스킨(John Ruskin)이 제대로 지적했듯이, 단테가 묘사하는 악마들의 사나움과 악의와 음란함은 밀턴(John Milton)의 악마들보다 훨씬 더 실제에 가깝다. 장엄한 풍모에 훌륭한 시까지 구사하는 밀턴의 악마들은 해롭기 그지없으며, 그가 묘사한 천사들은 호머(Homer)와 라파엘에게 지나치게 많은 영향을 받았다. 그러나 진짜 위험한 이미지는 괴테(Johann Wolfgang von Goethe)의 메피스토펠레스이다. 〈파우스트〉에서 집요하고도 병적으로 자아에 집착 — 이것은 지옥의 표지이다 — 하는 쪽은 악마가 아니라 파우스트이다. 유머 있고 세련되며 지각 있고 융통성 있는 메피스토펠레스는 악이 인간을 자유롭게 한다는 환상을 강화시키는 데 기여했다.

보잘것없는 사람도 때로는 거장이 저지른 단 하나의 실수를 피할 수 있는 법이므로, 나는 악마의 상징을 선택할 때 적어도 괴테가 범했던 잘못은 피해야겠다고 결심했다. 유머는 균형감각과 자신을 객관적으로 바라볼 줄 아는 능력에서 나오는 법이다. 그 밖의 특징이라면 교만 때문에 죄를 지은 이 존재들에게 얼마든지 부여해 줄 수 있겠지만, 이 특징만큼은 부여해서는 안 된다. 체스터튼(G. K. Chesterton)의 말대로, 사탄은 심각함(force of gravity) 때문에 실패했다. 우리는 지옥을 그릴 때, 모두가 끊임없이 자신의 체면과 성공에만 신경을 쓰며, 모두가 불평불만이 가득하고, 모두가 시기와 자만심과 원망이라는 치명적일 만큼 엄숙한 열정으로 살아가는 상태를 생각해야 한다. 이것이 출발점이다. 나머지 상징들은 아마도 나의 개인적 성향과 시대 상황에 많이 좌우되었을 것이다.

개인적으로 나는 박쥐보다 관료들을 더 싫어한다. 나는 경영의 시대이자 '행정'의 세계에 살고 있다. 이제 가장 큰 악은 디킨즈(Charles Dickens)가 즐겨 그렸듯이 지저분한 '범죄의 소굴'에서 행해지지 않는다. 그렇다고 강제수용소나 노동수용소에서 행해지는 것도 아니다. 그런 장소에서 우리가 보게 되는 것은 악의 최종적인 결과이다. 가장 큰 악은 카펫이 깔려 있으며 불이 환하게 밝혀져 있는 따뜻하고 깔끔한 사무실에서, 흰 셔츠를 차려 입고 손톱과 수염을 말쑥하게 깎은, 굳이 목소리를 높일 필요가 없는 점잖은 사람들이 고안하고 명령(제안하고 제청받고 통과시키고 의사록에 기록)하는 것이다. 따라서 나는 당연히 지옥에 대한 상징으로서 경찰 국가의 관료조직이나 아주 비열한 사업을 벌이는 사무실 비슷한 것을 택하게 되었다.

밀턴은 "악마는 서로 지독하게 굳게 뭉친다"고 했다. 어떻게 굳게 뭉치는가? 우정으로 뭉치는 것은 분명 아니다. 사랑할 능력이 남아 있는 존재는 악마가 아니기 때문이다. 나의 상징은 이 점에서도 유용해 보였다. 나는 이 상징 덕분에 지상에 있는 지옥의 유사물로서, 두려움과 탐욕으로만 똘똘 뭉친 관료 사회를 그려낼 수 있었다. 겉으로는 통상적으로 서로 정중하게 대한다. 상관을 무례하게 대하는 것은 분명한 자살 행위이며, 동료를 무례하게 대하는 것은 방심한 틈을 타 그의 허를 찌를 기회를 놓치게 만드는 길이기 때문이다. 전 조직체를 움직이는 원리는 '먹느냐 먹히느냐'이다. 모두가 자기를 제외한 다른 사람들이 망신을 당하고 좌천되고 파멸하기를 바란다. 모두가 기밀문서의 전문가이며, 동지인 척하다가 등 뒤에서 칼 찌르는 일에 능숙하다. 겉으로는 깍듯이 예의를 지키고 존경의 마음을 표현하며 서로의 업적을 '치하'하지만 이것은 허울에 불과하다. 가끔씩 그 허울이 찢어지면, 서로에 대한 광포한 적개심이 본색을 드러내며 터져 나온다.

이 상징은 악마들이 '악' 그 자체를 사심 없이 추구한다는 터무니없는 환상을 제거하는 데도 도움을 주었다. 내 상징에서는 허깨비가 허용되지 않는다. 악한 천사는 악한 인간처럼 실리밖에 모르는 존재이다. 그들은 두 가지 동기로 행동한다. 첫째는 징벌에 대한 두려움이다. 전체주의 국가에 고문실이 있듯이, 내가 묘사하는 지옥에도 '무능한 악마를 위한 교도소' 같은 더 깊은 지옥이 있다. 둘째 동기는 일종의 굶주림이다. 나는 악마들이 영적인 의미에서 서로를 잡아먹을 수 있으며, 우리 인간도 잡아먹을 수 있는 것처럼 만들어 놓았다. 우리는 인간들의 삶 속에서도 같은 인간을 완전히 제 것으로 소화시키고 싶어하는 게 아닐까 싶을 정도로 강렬한 지배의 열망을 보곤 한다. 그들은 상대방의 지적인 삶과 정서적인 삶 전체를 단지 자신의 연장선상에 두고자 한다. 즉 자기 자신뿐 아니라 상대방을 통해 자기의 증오심을 발산하며, 자기의 불만을 터뜨리고, 자기의 이기심을 충족시키려 드는 것이다. 우리는 자신의 열정을 펼칠 자리를 확보하기 위해 상대방이 가지고 있는 얼마 되지 않는 열정을 억눌러 버린다. 그리고 혹시라도 여기에 저항하는 사람은 아주 이기적인 사람으로 치부한다.

지상에서는 이러한 욕망을 종종 '사랑'이라고 부르곤 한다. 나는 지옥에서는 이것을 굶주림으로 인식하도록 만들어 놓았다. 지옥의 굶주림은 더 극심하며, 따라서 더 잔뜩 배를 불리는 일도 가능하다. 생각건대 거기에서는 더 강한 영이 약한 영을 정말로 완전히 빨아들임으로써 약한 영의 유린당한 개성으로 자신의 배를 채울 수 있을 것 — 이 일을 방해할 육체가 없을 테니까 — 이다. 악마들이 인간의 영혼과 다른 악마의 영혼을 갈망하는 것은(내가 만들어 놓은 바에 따르면) 바로 이것을 위해서이다. 사탄이 자신의 모든 추종자들과 이브의 모든 자녀들과 천국의 모든 천사들을 갈망하는 것은 바로 이것을 위해서이다. 사탄의 꿈은 모든 존재를 자기 뱃속에 집어삼켜서, 모든 존재가 오직 그를 거쳐서만 '나'라고 말할 수 있게 되는 것이다. 이것은 인간을 도구에서 종으로, 그리고 종에서 아들로 변화시킴으로써, 마침내 해방된 인간이 완벽한 개성의 절정에서 얻게 되는 사랑으로, 완전히 자유로운 상태에서 자신과 다시 결합하게 하시는 하나님의 측량할 길 없는 은혜에 대한 오만한 패러디요 그 나름대로의 모방이다.

그러나 그림(Wilhelm Karl Grimm)의 동화에 나오는 "다만 꿈이었네"라는 말처럼, 이것은 모두 신화요 상징일 뿐이다. 그렇기 때문에 악마에 대한 나의 견해는 궁금해하는 사람들한테야 대답할 필요가 있겠지만, 〈스크루테이프의 편지〉를 읽는 데에는 그다지 중요하지 않다. 나와 같은 견해를 가지고 있는 사람들은 내가 만들어 낸 악마들을 구체적인 실재를 나타내는 상징으로 볼 것이고, 그렇지 않은 사람들은 추상적 개념들의 의인화로 받아들이면서 이 책을 풍유(allegory)로 읽을 것이다. 어떤 방식으로 읽든지 그것은 중요하지 않다. 이 책의 진정한 목적은 악마의 삶을 고찰하려는 것이 아니라 인간의 삶을 새로운 각도에서 조명하려는 것이기 때문이다.

이런 종류의 글을 쓴 사람은 내가 처음이 아니며, 17세기에 이미 누군가가 악마가 보낸 편지 형식의 글을 쓴 적이 있다고 들었다. 아직 그 책을 보지는 못했지만, 주로 정치적 경향을 띤 책일 것이라고 생각한다. 그러나 스티븐 맥켄나(Stephen McKenna)의 〈선의를 가진 여자의 고백〉(*The Confessions of a Well-Meaning Woman*)에 빚진 사실은 기꺼이 인정해야겠다. 연관성이 분명히 드러나는 것은 아니지만, 이 책에서도 〈스크루테이프의 편지〉와 똑같이 도덕을 거꾸로 뒤집는 것 ― 검은 것을 희다고 하고, 흰 것을 검다고 하는 것 ― 과, 유머라고는 눈곱만큼도 없는 인물의 말이 유머를 불러일으키는 효과를 발견할 수 있다. 영혼을 잡아먹는다는 개념은 데이빗 린지(David Lindsay)의 잘 알려지지 않은 책 〈대각성으로 가는 여행〉(*Voyage to Arcturus*)에 나오는 그 끔찍한 '흡수' 장면에서 영향을 받은 것 같다.

내가 악마들에게 붙인 이름들에 대해 많은 사람들이 상당한 흥미를 가지고 그 나름대로 여러 추측들을 내놓았으나, 제대로 맞춘 사람은 하나도 없었다. 사실 나는 그저 듣기 싫은 소리가 나는 이름 ― 이것도 린지에게 빚진 부분이라고 생각한다 ― 을 만들려고 했을 뿐이다. 일단 이름들을 짓고 난 후에는 나 또한 다른 사람들과 똑같이 ― 내가 그 이름들을 지었다고 해서 다른 사람들보다 더 큰 권위를 가지는 것은 아니다 ― 이 이름들이 어떤 음성학적 연상 작용을 일으켜서 불쾌한 느낌을 주게 되는지에 대해 생각해 볼 수 있었다. 주인공인 스크루테이프(Screwtape)의 이름이 내는 효과에는 아마도 스크루지(Scrooge), 꼬인 나사(screw), 손가락을 비트는 고문기구(thumbscrew), 촌충(tapeworm), 관료적 형식주의의 상징인 빨간 끈(red tape) 등이 어느 정도 일조하고 있지 않나 싶다. 슬럽갑(Slubgob)은 얼간이(slob), 징징거리다(slobber), 엉성하게 하다(slubber), 입에 가득한 침(gob) 등이 합쳐진 말일 것이다.

〈스크루테이프의 편지〉가 수년 간에 걸친 도덕적, 금욕적 신학 연구의 열매일 거라면서 과분한 찬사를 아끼지 않은 이들이 몇몇 있었다. 그러나 그들은 유혹이 어떻게 작용하는지를 배울 수 있는 또 다른 방법, 즉 신학처럼 명예로운 것은 아니지만 그만큼 신뢰할 만한 방법이 있다는 것을 잊은 것이다. "나의 마음 — 다른 사람의 마음이 아니라 — 이 내게 경건치 못한 자의 사악함을 보여주었다."

〈스크루테이프의 편지〉를 증보하는 것이 어떻겠느냐는 요청이나 권고를 종종 받곤 했지만, 수년 동안은 그럴 마음이 전혀 생기지 않았다. 이 책만큼 쉽게 쓴 책도 없지만, 이 책만큼 즐기지 못하면서 쓴 책도 없기 때문이다. 이 책을 쉽게 쓸 수 있었던 이유는 분명하다. 스위프트(Jonathan Swift)의 거인과 난쟁이나 〈에레온〉(Erewhon)에 나오는 의학적, 윤리적 철학이나 앤스티(Christopher Anstey)의 가루다 스톤(Garuda Stone)처럼, 악마가 보낸 편지 같은 글은 일단 착상만 하고 나면 그 후에는 저절로 풀려나가는 법이니 말이다. 앞부분만 시작해 놓으면 천 페이지도 쉽게 써내려 갈 수 있다. 그러나 자신의 마음을 악마의 마음으로 비트는 일은 설사 그것이 아무리 쉽다고 해도, 결코 재미있거나 오래 할 일은 못 된다. 그렇게 계속 마음을 비틀고 있다가는 일종의 영적 경련이 오게 되기 때문이다. 나는 스크루테이프를 통해 말하고 있는 내내, 온갖 먼지와 티끌과 갈망과 욕망으로 나 자신을 몰아가야 했고 아름답고 상쾌하고 온화한 것은 흔적도 없이 몰아내야 했다. 그러다보니 책을 다 끝내기도 전에 거의 질식할 지경이 되었다. 책이 더 길어졌더라면 독자들도 마찬가지였을 것이다.

게다가 나는 이 책이 나 아닌 어느 누구도 쓸 수 없는 독특한 책이 아니라는 점이 유감스러웠다. 이상적으로 말하자면, 웜우드에게 주는 스크루테이프의 충고와 함께 환자의 수호천사에게 주는 천사장의 충고들도 함께 실렸어야 균형이 맞는다. 이러한 균형 없이 인간의 삶을 묘사하다 보면 아무래도 한쪽으로 기울게 마련이다. 그러나 그러한 결함을 보완할 수 있는 사람이 과연 누가 있겠는가? 설령 어떤 사람 — 나보다 훨씬 나은 사람이어야 할 것이다 — 이 그런 글을 쓸 수 있을 정도로 높은 수준의 영성을 가졌다 하더라도, 과연 '적합한 문체'까지 구사할 수 있겠는가? 단순히 천사의 충고를 담는 것만으로는 부족하다. 모든 문장에서 천국의 향기가 묻어나야 한다. 요즘에는 트러헌(Thomas Traherne)처럼 산문을 쓸 수 있는 능력이 있다고 하더라도 실제로 그런 글을 쓰지는 못할 형편이 되었다. '기능주의'라는 규범이 문학의 기능을 절반이나 못쓰게 만들어 놓았기 때문이다(본질적으로 문체가 추구하는 이상은 단지 말하는 방식이 아니라 말할 수 있는 내용의 종류를 지시하는 것이다).

그런데 세월이 흘러 〈스크루테이프의 편지〉를 쓸 때 느꼈던 질식의 기억이 점차 희미해지면서, 이런 저런 문제들을 다시 스크루테이프의 시각을 통해 다루어 보면 어떨까 하는 생각이 들기 시작했다. 그러나 전처럼 편지 형식으로는 쓰지 않기로 마음먹었다. 그 대신 강의나 '연설' 같은 형태로 글을 써 보면 어떨까 하는 생각이 어렴풋이 떠올랐다가 잊혀지고 또 떠올랐다가 실천으로 옮겨지지 않은 채 사라지곤 했다. 그런데 '새터데이 이브닝 포스트'지(*Saturday Evening Post*)의 청탁을 받고 마침내 펜을 들게 된 것이다(*Screwtape Proposes a Toast*를 가리키는 말—역주).

1960년 5월 18일,
케임브리지
모들린 대학에서
C. S. 루이스

옮긴이 **김선형**

서울대학교 영어영문학과를 졸업하고 동 대학원에서 박사 학위를 받았다. 세종대학교 초빙 교수를 지냈으며, 2010년 유영학술재단에서 수여하는 유영번역상을 받았다. 옮긴 책으로《스크루테이프의 편지》, 위대한 2인자 시리즈《아론》,《실라》,《아모스》(이상 홍성사),《은하수를 여행하는 히치하이커를 위한 안내서》,《실비아 플라스의 일기》,《프랑켄슈타인》,《수전 손택의 말》등 다수가 있다.

## 스크루테이프의 편지

The Screwtape Letters

지은이 C. S. 루이스
옮긴이 김선형
펴낸곳 주식회사 홍성사
펴낸이 정애주
국효숙 김의연 박혜란 송민규 오민택 임영주 차길환

2000. 1. 10. 양장 1쇄 발행   2018. 2. 14. 양장 52쇄 발행
2005. 9. 30. 보급판 1쇄 발행   2018. 7. 12. 보급판 47쇄 발행
2018. 11. 15. 무선 1쇄 발행(통합 100쇄)   2026. 1. 16. 무선 30쇄 발행

등록번호 제1-499호 1977. 8. 1.
주소 (04084) 서울시 마포구 양화진4길 3
전화 02) 333-5161  팩스 02) 333-5165
홈페이지 hongsungsa.com  이메일 hsbooks@hongsungsa.com
페이스북 facebook.com/hongsungsa
양화진책방 02) 333-5161

이 책은 1942년 영국 지오프리 블레스에서 처음 출간되었으며, 1955년에는 폰타나 북스에서, 1977년에는 하퍼콜린스 소속 파운트에서 출간되었다. 한국어판 《스크루테이프의 편지》는 파운트에서 발행한 1998년판을 번역한 것이다.

•잘못된 책은 바꿔 드립니다. •책값은 뒤표지에 있습니다.

ISBN 978-89-365-1319-1 (03230)